Jean Vanier

Einfach Mensch sein

Jean Vanier

Einfach Mensch sein

Wege zu erfülltem Leben

Aus dem Englischen übersetzt
von Bernardin Schellenberger

Herder
Freiburg · Basel · Wien

Titel der Originalausgabe:
Becoming Human
© 1998 by Jean Vanier und Canadian Broadcasting Corporation
Deutsche Übersetzung autorisiert von der
„Arche"-Gemeinschaft Deutschland

Umschlaggestaltung: Finken & Bumiller, Stuttgart

Alle Rechte an der deutschen Ausgabe vorbehalten
© 2001 by Verlag Herder Freiburg im Breisgau
Satzbearbeitung: Fotosetzerei G. Scheydecker, Freiburg i. Br.
Druck und Bindung: Freiburger Graphische Betriebe 2001
Gedruckt auf umweltfreundlichem,
chlor- und säurefrei gebleichtem Papier
ISBN 3-451-27404-3

Inhalt

Einführung   7

1 *Wege aus dem Alleinsein*

Ordnung und Unordnung   19
Gemeinschaft und starre Ordnung   25
Die Schwäche des Kindes   27
Liebe verwandelt das Chaos   29
Gemeinsam beten   41

2 *Dazugehören*

Zurück zum Kind   49
Freude und Schmerz des Dazugehörens   52
Der schwierige Platz der Schwächeren   55
Wenn das Dazugehören verloren geht   60
Die Gefahr, dass das Dazugehören exklusiv wird . . .   64
Dazugehören als Ermutigung zu Reife und Freiheit . .   69
Das Dazugehören in einer pluralistischen Gesellschaft   76
Geschlossene und offene Gruppen   78
Das Gemeinwohl – Welche Gesellschaft ist die richtige?   80

3 *Vom Ausgrenzen zum Einbeziehen:*
Wege in Richtung Heilung

An der Wurzel von Vorurteil und Ausgrenzung: Angst   88
Vom Ausgrenzen zum Einbeziehen   99

Das Herz 101
Der Weg des Herzens 105
Freiheit von Konformität 110
Vorurteile fallen 112
Mensch werden 115
Einfachheit 116
Sich selbst annehmen 118
Der Weg zum Mitempfinden 119

4 Der Weg zur Freiheit

Die Freiheit der Wahl 125
Die Quelle zwanghafter Bedürfnisse: Angst 131
Zeichen der Freiheit 135
Freiheit bedeutet auch den Tod des falschen Selbst . . 140
Der Weg zur Freiheit 143

5 Vergebung

Schuldgefühle und Schuldbewusstsein 158
Persönliche Verletzungen 162
Im Gefängnis der eigenen Vorlieben und Abneigungen 164
Hass auf eine bestimmte Menschengruppe 165
Uns von der Macht des Hasses befreien 168
Die Feindesliebe 169
Achtsamkeit als Kern der Vergebung 173
Der Wunsch, von Angst befreit zu werden 175
Grundsätze und Schritte auf dem Weg zur Vergebung 177
Das Herz dessen erreichen, durch den ich mich
    verletzt fühle 180
Die sanfte Macht Gottes 183
Wir arbeiten mit Gott Hand in Hand 187

„Arche"-Gemeinschaften im deutschsprachigen Raum 190

Einführung

Dieses Buch ist im Wesentlichen aus fünf Vorträgen entstanden, die ich 1998 in der Sendereihe *Ideas* des kanadischen Rundfunksenders CBC hielt, und zwar im Rahmen einer dort ausgestrahlten Vorlesungsreihe des Massey College der Universität von Toronto. Ich habe den Text leicht überarbeitet und mit einigen Zusätzen versehen, damit er in gedruckter Form gut lesbar ist.

Zunächst sollten diese Vorträge den Titel „Vom Chaos zum Leben" bekommen. Jedoch kam ich im Lauf ihrer Ausarbeitung zur Überzeugung, dass ich sie besser mit „Mensch werden" überschreiben sollte. Ist dies nicht die Lebensaufgabe von uns allen: Mensch zu werden? Das kann ein langer und zuweilen schmerzlicher Prozess sein. Dazu gehören: das Hineinwachsen in die Freiheit, das Öffnen unseres Herzens für andere, das Aufhören damit, uns hinter Masken oder Mauern von Ängsten und Vorurteilen zu verstecken. Es bedeutet, dass wir unser gemeinsames Menschsein entdecken.

Merkwürdigerweise erfuhr ich bei mir diesen Prozess des Menschwerdens von da an besonders intensiv, als ich mit geistig behinderten Menschen zusammenzuleben begann, also mit Menschen, die auf geistigem oder praktischem Gebiet nur unzureichend begabt sind, jedoch über eine besondere Gabe für mitmenschliche Beziehung verfügen. Es sind Menschen, die mit dem Herzen leben, Menschen, die vertrauen können. Bei ihnen begann ich zu entdecken, dass der Mensch erst dann reif zu werden beginnt, wenn er anfängt,

Kopf und Herz zusammenzubringen. In meinen jungen Erwachsenenjahren hatte ich meine intellektuellen, denkerischen Fähigkeiten entwickelt. Seit ich mit Behinderten zusammenlebte, stellte dies an mich den Anspruch, meine Beziehungsfähigkeit zu anderen Menschen zu entwickeln. Bei ihnen lernte ich, wie ich für andere offener und verletzlicher werden kann, vor allem für solche, die anders sind als ich selbst.

Dieses Buch hat sich im Wesentlichen aus meiner Erfahrung des Menschseins ergeben und nicht direkt aus meinem Glaubensleben. Ich bin der Überzeugung, dass wir spirituell nicht reifen können, wenn wir unser Menschsein vernachlässigen, genau wie wir umgekehrt kein volles Menschsein erlangen können, wenn wir die Spiritualität vernachlässigen. Daher ist dieses Buch eher anthropologischer als theologischer Natur. Ich entdecke immer mehr, wie wichtig eine solide anthropologische Kenntnis für ein gründliches Verständnis unseres Glaubenslebens ist. So versuche ich mit diesem Buch, einige anthropologische Grundlagen zu legen, auf denen sich Spiritualität aufbauen kann. Jedoch habe ich absichtlich vermieden, diesen Aufbau hier auszuführen, weil ich zunächst deutlicher die menschlichen Grundlagen von Spiritualität, Ganzheit und Heilsein entfalten wollte.

PHILIP COULTER war mein Redakteur beim CBC. Er überarbeitete und strukturierte diese Beiträge und sorgte dafür, dass sie noch präziser wurden. Er gab sich große Mühe, die Grundgedanken klarer zu formulieren und besser auf die Zuhörer- oder Leserschaft abzustimmen. Die Zusammenarbeit mit ihm hat mir Freude gemacht, und ich bedanke mich bei ihm für alles, was er beigetragen hat.

Ferner möchte ich auch folgenden Menschen danken, die den Text in verschiedenen Stadien der Ausarbeitung gelesen und wertvolle Anregungen dazu beigesteuert haben: COLIN MALONEY, ANN OSLER, CHRIS SADLER,

David Ford, George Durner, Karin Donaldson, John Knechtle, Margaret O'Donnell und Katharine Hall.

Schließlich gilt mein Dank noch John Fraser, Master am Massey College, und der Canadian Broadcasting Corporation sowie den Veranstaltern der Sendereihe *Ideas*, die mir die Möglichkeit boten, diese Gedanken einer großen Zuhörerschaft zu vermitteln.

1 Wege aus dem Alleinsein

Das Buch handelt davon, wie sich das Herz des Menschen aus den Fängen des Chaos und der Einsamkeit befreien kann, sowie aus den Ängsten, die uns dazu veranlassen, andere auszuschließen und abzulehnen. Diese Befreiung macht uns offen und lässt uns entdecken, dass wir alle am selben Menschsein teilhaben. Ich möchte zeigen, dass es sich bei dieser Entdeckung um den Weg aus dem Alleinsein und der Einsamkeit zu einer Liebe geht, die Menschen verwandelt. Liebe wächst im Dazugehören und entfaltet sich durch dieses, und Dazugehören kann sowohl einbeziehend als auch ausschließend wirken. Die Entdeckung unseres Menschseins befreit uns von unserer zwanghaften Sucht, uns selbst in den Mittelpunkt zu stellen, und heilt unsere inneren Verletzungen. Ihre Erfüllung findet sie im Vergeben und in der Fähigkeit, auch unsere Feinde zu lieben. Dies ist der Prozess der Entwicklung zum vollen Menschsein.

Hier geht es nicht ausdrücklich um die politische Fragestellung, wie man die Gesellschaft, also das Miteinander der Menschen, aufbaut und organisiert. Aber wenn man beginnt, für andere offen zu werden und sich um ihre Befindlichkeit zu kümmern, wirkt sich dies spürbar auf die Gesellschaft aus, die sich ja aus Einzelnen zusammensetzt, und unweigerlich muss sich dann auch die Gesellschaft, in der man lebt, ändern und offener werden. Man fängt an, gemeinsam für das Wohl aller zu arbeiten. Bemühte man sich dagegen um den Aufbau einer Gesellschaft in der

Weise, dass man dabei vorwiegend seine eigenen Rechte wahrzunehmen sucht, würde sich die Gesellschaft unvermeidlich immer stärker in sich selbst abkapseln. Solange man keine Verantwortung gegenüber anderen empfindet, besteht schließlich kein Grund dafür, harmonisch auf das Wohl aller hinzuwirken.

In den letzten 34 Jahren waren mir vorwiegend Erfahrungen mit geistig behinderten Männern und Frauen beschieden. Im August 1964 gründete ich die „Arche", ein Netzwerk kleiner Niederlassungen und Gemeinschaften, in denen wir gemeinsam leben: Menschen mit geistigen Behinderungen und solche, die sich berufen fühlen, mit ihnen ihr Leben zu teilen. Heute gibt es weltweit über hundert Gemeinschaften der „Arche". Während meines Lebens in der „Arche" habe ich ungemein viel über Alleinsein, über Dazugehören und über den inneren Schmerz erfahren, der aus dem Gefühl erwächst, abgelehnt zu werden. Im Gemeinschaftsleben mit geistig Behinderten habe ich sehr vieles darüber gelernt, was es heißt, Mensch zu sein. Manchen mag es merkwürdig vorkommen, wenn ich sage, dass ausgerechnet die Schwachen und von der Gesellschaft an den Rand Gedrängten meine Lehrmeister waren. Ich hoffe, ich kann ein wenig von dem weitergeben, was ich von ihnen gelernt habe und immer noch lerne: was es heißt, Mensch zu sein und wie man anderen helfen kann, das uns allen gemeinsame Menschsein zu entdecken.

Erst in der „Arche" ging mir wirklich auf, was Alleinsein ist. Vermutlich habe ich mich vor meinen Erfahrungen in der „Arche"-Gemeinschaft oft allein gefühlt. Aber bis dahin habe ich das Alleinsein noch nicht als wirklich schmerzliche Wirklichkeit empfunden, wahrscheinlich deshalb, weil es mir immer gelungen ist, mich durch Geschäftigkeit davon abzulenken. Vielleicht habe ich das Alleinsein noch nie beim Namen genannt oder ihm einen solchen auch gar nicht geben wollen.

12

Als ich anfing, Menschen mit geistigen Behinderungen in die „Arche" aufzunehmen, Männer und Frauen aus entsprechenden Einrichtungen, aus psychiatrischen Kliniken und zerrütteten Familien, wurde mir deutlich bewusst, wie einsam diese Menschen waren. Und ich entdeckte das schreckliche Gefühl des Chaos, welches sich aus extremem Alleinsein ergibt.

Das Gefühl der Einsamkeit lässt sich ein gutes Stück weit mit all dem überspielen, was man unternimmt, um Anerkennung und Erfolg zu finden. Sicher war es genau das, was ich als junger Erwachsener getan habe. Wir alle tun das. In uns allen steckt der Antrieb, Dinge zu tun, die in den Augen anderer wertvoll sind. Das gibt uns ein gutes Gefühl bezüglich unserer selbst und lässt uns spüren, dass wir lebendige Wesen sind. Unserer Einsamkeit werden wir uns nur dann bewusst, wenn wir absolut nichts Ansehnliches vollbringen können oder uns beim besten Willen nichts Entsprechendes einfällt.

Das Gefühl der Einsamkeit kann sich als eine Art Defekt bemerkbar machen, als inneres Unzufriedensein und als Gefühl ständiger Ruhelosigkeit im Herzen. Einsamkeit stellt sich bei allen möglichen Gelegenheiten ein. Sie kann sich melden, wenn man krank ist oder wenn Menschen abwesend sind, denen man besonders verbunden ist. Sie regt sich, wenn man nachts nicht schlafen kann, wenn es einem schwer ums Herz ist oder in Zeiten des Versagens bei der Arbeit oder in Beziehungen zu anderen Menschen. Sie tritt ein, wenn man das Vertrauen in sich selbst und andere verliert. Im Alter macht sich Einsamkeit womöglich sehr stark bemerkbar und droht den Menschen ganz zu überwältigen. In solchen Zeiten kann das Leben überhaupt seinen Sinn verlieren. Alleinsein und Einsamkeit können sich anfühlen wie der Tod.

Menschen, die körperlich kerngesund sind, kreativ etwas leisten und im Leben von Erfolg zu Erfolg eilen, scheinen keinerlei Einsamkeit zu kennen. Aber ich bin der Überzeugung, dass die Erfahrung des Einsamseins wesentlich zum Menschsein gehört. Man kann sie überspielen, loswerden jedoch kann man sie nie. Einsam sein ist Teil des Menschseins, denn es gibt letztlich nichts im Leben, was die unendlichen Bedürfnisse des menschlichen Herzens ganz und gar erfüllen könnte.

Mehr noch: Eine bestimmte Form von Einsamsein ist für unser Menschsein wesentlich. Einsamkeit kann zur Quelle kreativer Energie werden, einer Energie, die uns zu ganz neuen Wegen führt, auf denen wir Neues schaffen oder uns für mehr Wahrheit und Gerechtigkeit in der Welt einsetzen. Künstler, Dichter, Propheten und all die Menschen, die anscheinend nicht so recht in die geschäftige Welt passen oder die mit der Gesellschaft, wie sie faktisch ist, nicht zurecht kommen, sind nicht selten einsame Menschen. Sie haben das Gefühl, anders als die anderen zu sein und sich mit dem Status quo und der Mittelmäßigkeit nicht abfinden zu können. Unsere Wettbewerbsgesellschaft, in der so viel Energie in äußere Dinge und Werte investiert wird, erscheint ihnen als höchst ungenügend. Bei Menschen, die gegen Ungerechtigkeit aufbegehren und nach neuen Wegen suchen, handelt es sich oft um Einsame, Männer wie Frauen. Es ist, als brenne in ihnen ein Feuer und als werde dieses Feuer von ihrem Einsamsein genährt.

Einsamkeit ist auch die Grundkraft, die Mystiker dazu antreibt, ein tieferes Einswerden mit Gott zu suchen. Für solche Menschen ist das Einsamsein unerträglich geworden. Aber statt in Apathie oder Wut abzugleiten, setzen sie die Energie ihres Einsamseins für die Suche nach Gott ein. Sie werden durch ihr Einsamsein zum Absoluten getrieben. Eine Gotteserfahrung stillt diesen Durst nach dem Absoluten, lässt ihn jedoch paradoxerweise zugleich noch viel größer werden, weil es sich dabei immer um eine Erfahrung handelt, die nie allumfassend sein kann, da unsere Erkenntnis Gottes notwendigerweise immer Stückwerk bleibt. So weckt das Einsamsein in Mystikern den Wunsch, ausnahmslos jedes Menschenwesen so zu lieben, wie Gott es liebt.

Auf diese Weise kann Einsamsein zu einer Triebkraft für alles Gute werden. Häufiger jedoch nimmt die Einsamkeit andere, weniger positive Gesichter an. Sie kann zur Quelle von Apathie und Depression werden, ja sogar zum Wunsch zu sterben. Sie kann den Menschen aus dem Bedürfnis heraus, seinen inneren Schmerz und seine Leere zu vergessen, in alle möglichen Formen von Flucht und Sucht treiben. Bei älteren und behinderten Menschen äußert sich Einsamkeit meist in Form der Apathie. Das ist die Art Einsamkeit, die wir bei Menschen mit Depressionen finden. Ihnen ist das Empfinden abhanden gekommen, ihr Leben habe einen Sinn, und sie stellen die aus der Verzweiflung erwachsende Frage: Was soll das alles überhaupt noch?

Ich besuchte einmal eine psychiatrische Klinik, die geradezu eine Art Sammellager menschlichen Elends war. Dort lagen Hunderte von schwer behinderten Kindern völlig vernachlässigt auf ihren Betten. Es herrschte tödliches Schweigen. Keines von ihnen weinte. Wenn Kinder merken, dass niemand sich um sie kümmert und auf sie eingeht, hören sie irgendwann auf zu weinen. Es kostet sie zu viel Kraft. Man weint nur, solange man noch Hoffnung hat, jemand könne einen hören.

Derartiges Einsamsein erwächst aus der tiefsten und äußersten Depression, aus dem Boden der allertiefsten Grube, in die eine Menschenseele überhaupt fallen kann. Diese Art Einsamkeit, die Depression erzeugt, äußert sich als Chaos. Alles ist dann verwirrt, und dieses Wirrwarr kann den Wunsch nach der Selbstzerstörung, nach Tod wecken. So kann Einsamsein zum Todeskampf, zu einem einzigen Schmerzensschrei werden; es gibt keinerlei Licht mehr, keinen Trost, keine Spur von Frieden und absolut nichts von der Freude, die das Leben in sich birgt. Eine derartige Einsamkeit offenbart, was das Chaos wirklich ist.

Das Leben verläuft dabei nicht mehr nach erkennbaren Mustern. Der Mensch, der von dieser Art Einsamkeit überschwemmt ist, kennt nur noch Leere, Angst und inneres Aufgewühltsein. Er sehnt sich nach nichts mehr, kennt keine Wünsche mehr, die er gern erfüllt hätte, verspürt kein Bedürfnis mehr nach Leben. Ein solcher Mensch fühlt sich vollkommen von allen und allem abgeschnitten. Er vegetiert in einem Dasein, das sich völlig auf sich selbst zurückgekrümmt hat. Ihm ist jegliche Ordnung abhanden gekommen, und in diesem Chaos ist er unfähig, zu anderen in Beziehung zu treten oder auf sie zu hören. Das Leben solcher Menschen scheint überhaupt keinen Sinn zu haben. Sie leben in völliger Verwirrung und sind ganz in sich selbst verschlossen. Ein solches Einsamsein kann Menschen hilflos einer derartigen Qual aussetzen, dass sie Gefahr laufen, in das Chaos des Verrücktwerdens abzugleiten.

Ich möchte aus meiner eigenen Erfahrung einige Geschichten erzählen, um anschaulich zu zeigen, welch ungeheuren Seelenschaden das Einsamsein anzurichten vermag.

ERIC lernte ich 1977 kennen. Er war damals in der Kinderabteilung der örtlichen psychiatrischen Klinik, 40 km von der Gemeinschaft der „Arche" in Trosly (Frankreich) entfernt. Er war blind und taub und dazu auch noch schwer geistig behindert. Er konnte weder selbstständig gehen noch essen. Im Alter von sechzehn kam er in die „Arche", voll heftiger Bedürfnisse, Ängste und Befürchtungen. Oft saß er auf dem Boden, und sooft er spürte, dass jemand in seiner Nähe war, streckte er seine Arme aus und versuchte, diesen Menschen zu packen und sich an ihm aufzurichten. War es ihm gelungen, jemanden zu finden, der ihn hielt, so geriet er völlig außer sich: Er verlor jede Kontrolle, kämpfte

16

darum, gehalten zu werden, und zugleich hüpfte er auf und ab. Für jeden, der ERIC unter diesen Umständen halten sollte, wurde es unerträglich, und so mündete es unvermeidlich immer in einen Kampf, bei dem sich der Betreffende von ERIC losreißen wollte und dieser sich nur umso heftiger anklammerte. ERIC schien von ungeheuren Ängsten umgetrieben zu werden.

Ängste sind Zustände schlimmer innerer Erregung und setzen oft eine chaotische, ziellose Energie frei. Ängste können normale Verhaltensweisen unmöglich machen und in Schlaflosigkeit und äußerste Verwirrung führen. Sich einsam fühlen heißt, sich unerwünscht, ungeliebt zu wissen und daher als nicht liebenswert. Solche Einsamkeit ist wie ein Vorgeschmack des Todes. Kein Wunder, dass sich manche Menschen, die sich hoffnungslos einsam fühlen, in eine psychische Erkrankung oder Gewalttätigkeit flüchten, um ihren inneren Schmerz zu vergessen.

ERIC war ein schrecklich einsamer junger Mensch. Er hatte ein grenzenloses Bedürfnis, geliebt zu werden. Aber dieses Bedürfnis war derart stark, dass es kein Mensch erfüllen konnte. Er brauchte in der „Arche"-Gemeinschaft sehr lange, bis er ein wenig inneren Frieden fand. In dem Maß, in dem er in ganz kleinen Schritten lernte, den ihn umgebenden Menschen zu vertrauen, entdeckte er, dass er geliebt wurde.

Im Gegensatz dazu: PIERRE, das siebte Kind einer dreizehnköpfigen Familie. Er war erwachsen und hatte schon sieben Jahre im Gefängnis verbracht. Ich lernte ihn in Montreal (Kanada) kennen. Mit zwölf war er von daheim fortgelaufen, weil er das Gefühl hatte, dass niemand in seiner Familie ihn beachte und wolle. Er lebte ziemlich lange mit Banden auf der Straße. PIERRE war in der Tiefe seines Herzens ein einsamer Mensch, der sich verloren fühlte. Er wusste nicht, wo er hingehörte, und sah keinen Sinn in seinem Leben. Er brauchte einen Freund, einen Begleiter, jemanden, der ihm helfen konnte, zu sich selbst zu finden und einen Sinn für sein Leben zu entdecken.

Mit sechzehn beging PIERRE ein Verbrechen, das meiner Überzeugung nach ein Hilfeschrei war. Er kam ins Gefängnis. Während seiner Zeit dort verliebte er sich in eine Frau, die regelmäßig ins Gefängnis zu Besuch kam. Sie heirateten, und sein Leben bekam neuen Sinn; endlich hatte er jemanden und etwas, wofür er leben konnte. Das war der Anfang seines Prozesses der Menschwerdung, und dieser Prozess begann, weil er sich endlich geliebt fühlte.

In unseren „Arche"-Gemeinschaften machen wir die Erfahrung, dass eine tiefe innere Heilung meist dann geschieht, wenn Menschen sich geliebt fühlen und das Empfinden haben, dazuzugehören. Unsere Gemeinschaften sind im Wesentlichen Stätten, wo Menschen sich nützlich und schöpferisch betätigen und – was das Wichtigste ist – wo sie lieben und geliebt werden können. Heilung strömt aus mitmenschlichen Beziehungen, die sich nicht einfach ergeben, sondern bewusst gepflegt werden.

Ich habe gelernt, dass hier ein wichtiges Prinzip gilt: Entscheidend für das Menschsein ist, sich auf das Wachsen von etwas verheißungsvoll Neuem und auf eine ständige Bewegung einzulassen. Dies ist der einzige Weg, ein wirklich reifer Mensch zu werden.

ERIC und PIERRE lebten in großem Chaos und Durcheinander. Doch mitten im Chaos eröffnete sich ein Ausweg. Vollzieht sich nicht im Leben jedes Menschen auf diese oder jene Weise die Bewegung von einer Ordnung hin zur Unordnung, die sich dann ihrerseits wieder in eine ganz neue Ordnung verwandelt?

Ordnung und Unordnung

Der Lauf des Lebens verlangt eine fortwährende Folge der Bewegungsschritte von einer Ordnung zum Chaos und vom Chaos zu neuer Ordnung, und zwar ohne je an ein Ende zu kommen.

Schon bei der Geburt, dann in der Pubertät, im Erwachsenwerden und im Altern gerät man immer wieder in Übergänge, die mit Ängsten verbunden sind. Schließlich erwartet jeden Menschen der letzte Übergang: Der Tod erscheint vordergründig als die Auflösung jeglicher Ordnung. Hinzu kommen unser ganzes Leben hindurch die Infragestellungen einer Ordnung durch Krankheit oder Unfälle, durch Verlust des Arbeitsplatzes oder Verlieren von Angehörigen und Freunden. Das alles sind Krisen, die unsere Hoffnungen, Sicherheiten und sorgfältig zurechtgelegten Pläne durcheinander bringen. Jede dieser Störungen erfordert jedes Mal und Schritt für Schritt eine Neuordnung unseres Lebens. Die Übergangsphase von einem geordneten Zustand der Lebensverhältnisse zu einem wiederum neu und anders geordneten ist alles andere als leicht. Man erlebt dies zunächst als Zeit des Verlustes, in der das Neue noch nicht begonnen hat, und der Trauer.

Wir Menschen leben in einer ständigen Spannung zwischen Ordnung und Unordnung, zwischen Verbundensein und Einsamkeit, Entwicklung und Umsturz, Sicherheit und Unsicherheit. Unser Universum entwickelt sich unablässig nach dem gleichen Prinzip: Eine alte Ordnung weicht einer neuen, und auch diese zerfällt wieder, indes wiederum eine andere heraufzieht. In unserem persönlichen Leben mit seinem Weg von der Geburt bis zum Tod ist es nicht anders.

Veränderungen in irgendwelcher Form gehören zum Wesen des Lebens, was daher auch immer ein damit verbundenes beträchtliches Maß an Einsamkeit und Unsicherheit mit sich bringt. Wenn man sich dagegen sperrt, dass Einsamkeit und Unsicherheit ein Bestandteil des Lebens sind, und sich weigert, dies als Preis für Veränderung zu zahlen, verschließt man die Türen zu sehr vielen neuen Möglichkeiten. Damit mindert sich die Qualität des eigenen Lebens, und man bleibt hinter der Fülle des Menschseins zurück. Wollte man versuchen, den steten Fluss des Lebens aufzuhalten oder ihn nicht wahrzuhaben, liefe man Gefahr, in Depression zu fallen, die sich unweigerlich einstellt, wenn man sich auf ein unerreichbares Ziel versteift. Das Leben entwickelt sich ständig weiter; es vollzieht sich in unablässigem Wandel. Wer versuchen wollte, die Vorwärtsbewegung des Lebens zu bremsen, hätte damit vielleicht für kurze Zeit Erfolg, aber unvermeidlich würde es irgendwann zu einer Art Dammbruch kommen. Auf Dauer kann man der ständigen Weiterbewegung und Veränderung des Lebens, seinem unaufhaltsamen Strömen, nicht Einhalt gebieten.

So kommen und gehen also alle Weltmächte, mögen sie auf Gedanken, auf Reichtum oder auf Macht gründen. Wer achtsam lebt, kann in der derzeitigen Ordnung, wie sie sich dem Betrachter darbietet, bereits die kleinen Unregelmäßigkeiten erkennen, die zur Saat der Veränderung werden und schon die Vorboten der Ordnung von morgen sind. Das bedeutet, dass man immer auch im Zustand einer gewissen Unsicherheit lebt, mit einem bestimmten Maß an Angst und Einsamkeit, was einen im günstigsten Fall hin zu Neuem drängt.

Ein zu hohes Maß an Sicherheit und die Weigerung, sich weiterzuentwickeln und für Veränderungen aufgeschlossen zu sein, führt zu einer Art Tod. Doch auch ein zu hohes Maß an Unsicherheit kann Tod bedeuten. Zum Menschsein gehört es, dass man ein genügendes Maß an Ordnung schafft, damit man sich von dieser Grundlage aus auf Unsicheres und auf scheinbare Unordnung einlassen kann. Auf diese Weise entdeckt man das Neue.

Menschen, die einen Blick für die jeweilige neu anbrechende Ordnung haben, werden von ihren Mitmenschen oft als zu revolutionär, zu modern oder zu liberal angesehen. Diktatoren überall auf der Welt versuchen immer wieder, alle Befreiungsbewegungen zu unterdrücken. Wer alles selbst in der Hand hat, ist sich immer ziemlich sicher, dass unvermeidlich alles in der Anarchie enden würde, wenn er die Zügel nicht fest in der Hand behielte. In Wirklichkeit fürchtet er sich davor, seine Macht mit anderen zu teilen oder zu verlieren. Er möchte alles selber im Griff haben. Menschen, die eine neu kommende Ordnung heraufziehen sehen, müssen immer damit rechnen, allein zu sein und angefeindet zu werden.

Aber wie kann man die Anzeichen der Weiterentwicklung wahrnehmen und erkennen, in welche Richtung sie geht? Zur Entwicklung des Neuen kann man nur beitragen, wenn man sich an bestimmte Grundsätze hält. Ich will hier fünf Grundsätze nennen, die mir selbst dabei geholfen haben.

Erstens: Alle Menschenwesen sind heilig, ganz gleich, welcher Kultur, Rasse oder Religion sie angehören und welche Fähigkeiten oder Unfähigkeiten sie haben und worin ihre Schwächen oder Stärken bestehen mögen. Jeder Mensch trägt mit seinem ganz persönlichen Instrument zum riesigen Orchester der Menschheit bei, und jeder bedarf der Hilfe, damit er zu dem werden kann, der er sein könnte.

Zweitens: Unsere Welt und das Leben eines jeden von uns sind in einem Entwicklungsprozess begriffen. Weiterentwicklung gehört zum Leben, aber es ist nicht immer leicht auszumachen, was an dem, was sich entwickelt, gut oder schlecht ist. Wie kann man also das bewährte Alte beibehalten und doch zugleich dem Neuen den Weg bereiten? Dabei geht es nicht darum, das Alte einfach abzutun, sondern vielmehr darum, das Vergangene in das Gegenwärtige einfließen und sich von diesem Prozess dazu anleiten zu lassen, wie man in der Zukunft leben sollte. Die Aufgabe besteht also darin, alle wesentlichen Werte der Vergangenheit zu schätzen und gründlich zu erwägen, wie sie in das Leben im Neuen eingebracht werden können. Zu diesen Werten gehören Offenheit, Liebe, Ganzheitlichkeit, Einheit, Frieden, das in den Menschen gelegte Potential des Heilens und Erlösens, und – was am wichtigsten ist – die unerlässliche Fähigkeit, immer wieder verzeihen zu können. So bleibt also alles, was den Fluss des Lebens und Wachsens ermöglicht und fördert, weiterhin notwendig.

Drittens: Reife ergibt sich aus der Zusammenarbeit mit anderen, aus dem ständigen Gespräch miteinander und aus dem Gespür dafür, dass man zusammengehört und gemeinsam auf der Suche ist. Damit wir Menschen uns zu größerer Reife und Ganzheit hin entwickeln können, bedürfen wir zudem eines gewissen Maßes an Sicherheit. Nur wenn wir diese Sicherheit erlangt haben, können wir zusammen mit anderen in den Bereich des Unsicheren aufbrechen, um das Neue zu entdecken.

Viertens: Wir Menschen bedürfen der Ermutigung dazu, klare Entscheidungen zu treffen und die Verantwortung für unser eigenes Leben sowie auch für das Leben anderer wahrzunehmen. Wir bedürfen der Ermutigung, uns weiterzuentwickeln und reifer zu werden, damit wir die Krusten unserer Selbstbezogenheit und unserer Abwehrmechanismen durchbrechen, die nicht nur uns selbst, sondern auch andere eingesperrt halten. Mit anderen Worten: Wir Menschen brauchen es, in einem guten Boden verwurzelt zu sein, damit wir gute Früchte bringen können. Doch dazu ist es unerlässlich, dass wir in Freiheit unser Leben der Selbsthingabe wagen.

Fünftens: Um derartige Entscheidungen treffen zu können, bedarf es des gründlichen Nachdenkens und der entschiedenen Suche nach Wahrheit und Sinn. Zur Wahrheit gehört es grundsätzlich, dass man in der Wirklichkeit verankert ist. Mensch sein bedeutet, eine lebendige Beziehung zu seinem eigenen Menschsein und zur Wirklichkeit zu haben. Das heißt, aus seinem einsamen Gefängnis herauszukommen, in das man sich aus Angst vor der Wirklichkeit mit seinen Illusionen, Träumen, Vorurteilen und Ideologien eingesperrt hat, indem man den klaren Entschluss fasst, sich hin zum Verbundensein mit anderen und der Wirklichkeit auf den Weg zu machen. Mensch sein heißt, sich selbst so anzunehmen, wie man ist, mit seiner ganz eigenen Geschichte, sowie auch andere so anzunehmen, wie sie sind. Mensch sein heißt ferner, die Geschichte so anzunehmen, wie sie ist, und sich angstfrei um größere Offenheit, mehr Verständnis für und intensivere Liebe zu anderen zu bemühen. Mensch sein heißt, sich nicht von der Wirklichkeit erschlagen zu lassen, heißt, mit ihr versöhnt zu sein, und nicht, sie mit aller Gewalt so hinbiegen zu wollen, wie man meint, dass sie sein müsste; es heißt vielmehr, sich als Einzelner und in Gemeinschaft für eine Weiterentwicklung zu engagieren, die dem Wohl aller dient.

Es geht darum, sich intensiv zu bemühen, die Wirklichkeit genau kennen zu lernen, statt sich vor ihr zu fürchten. Es gilt, mit aller Kraft danach zu streben, in der Wahrheit zu leben; denn die Wahrheit macht frei, selbst wenn es im Einzelfall heißen kann, dass man gelegentlich in Einsamkeit und Angst leben muss. Vielleicht geht es bei der Suche nach Wahrheit eher darum, sich immer mehr von der Wahrheit erfassen zu lassen, statt sie immer sicherer besitzen zu wollen; denn schließlich ist Wahrheit nicht ein Gegenstand, dessen man sich bemächtigen und den man gegen andere einsetzen könnte.

Wahrheit macht uns nur dann frei, wenn wir sie tief in unser Herz eindringen und uns von ihr den Vorhang zerreißen lassen, der unseren Kopf von unserem Herzen trennt. Es ist zudem wichtig, nicht nur Kopf und Herz miteinander zu verbinden, sondern zugleich auch die Wahrheit zu lieben und von ihr das eigene Leben, die Grundhaltungen und die persönliche Lebensart inspirieren zu lassen. Religion und Moral erweisen sich dann als wahr, wenn sie uns innerlich frei machen und uns tiefe Ehrfurcht und aufrichtiges Mitgefühl mit anderen empfinden lassen.

Der Prozess der Wahrheitssuche erfordert ein hohes Maß an Offenheit; jeder Einzelne und auch die Gesellschaften insgesamt müssen ihr Denken weiterentwickeln, da sich die ganze Welt Schritt um Schritt verändert und wir ganz neue Einsichten in das erhalten, was *ist*. Es gibt daneben unwandelbare Grundsätze, die unser Leben bestimmen, wie etwa unsere Berufung, Menschen der Liebe statt des Hasses zu sein. Wir müssen unsere konkreten Erfahrungen ins Licht dieser Grundsätze stellen und diese Grundsätze von unseren eigenen Erfahrungen her erhellen.

Wenn man sich auf eine solche Entwicklung einlässt, kann es bedeuten, dass man im Dunkeln sucht und herumtastet, manchmal voller Angst; man überdenkt alte Antworten neu und formuliert sie mit neuen Worten und auf andere Weisen. Philosophie, Anthropologie, Theologie und all die Wissenschaften, die uns sagen, was Menschsein heißt, können gefährlich werden, sofern man sie als Ideologien missversteht, die festlegen, wie Wirklichkeit zu sein hat. Richtiger ist es, sie als Hilfsmittel zu betrachten, derer wir uns bedienen, um in aller Bescheidenheit Wirklichkeit wahrzunehmen und zu bestaunen.

Wir sollten nicht versuchen, in die Vergangenheit zurückzukehren, sondern uns stattdessen auf den Weg in die Zukunft machen und versuchen zu verstehen, was es heißt, Mensch zu sein, und zu begreifen, was in der Welt vor sich geht. Dabei soll es unser Ziel sein, in noch größerer Fülle Mensch zu werden und auf Frieden und Einheit hinzuarbeiten. Erst wenn wir anfangen, uns mit unserem ganzen Wesen ein derartig waches Gespür für die Wirklichkeit anzuzeigen und den Durst nach dem, was unserem Leben seinen tiefsten Wert gibt, auszukosten, entdecken wir den grundlegenden Sinn des Einsamseins: Es ist ein Schrei, oft ein schmerzlicher, angstvoller Schrei nach mehr Ehrfurcht und Liebe der Menschen untereinander, ein Schrei danach, mehr von der Wahrheit umhüllt und von Gott geborgen zu werden. Ein solcher Schrei könnte die Menschheit zu einer neuen Ganzheit beflügeln.

Gemeinschaft und starre Ordnung

Unser unablässiges Suchen nach Sinn und Ordnung und nach einem Gegenmittel gegen unser Einsamsein weist uns auf die Notwendigkeit der Gemeinschaft.

Es gibt manche Familien, Stämme und Gruppen, die musterhaft geordnet sind. Die in ihnen grundgelegte Ordnung scheint eine erfolgreiche Lösung für das Chaos des Lebens zu sein; jeder einzelne Mensch fühlt sich darin sicher, weil er sich in die Gemeinschaft mit allen anderen eingebunden weiß. Doch kann diese scheinbare Ordnung und Sicherheit auch gefährlich werden; in einer solchen Gemeinschaft können die Einzelnen geradezu erstickt und von jeder Weiterentwicklung abgehalten werden.

Jedes Mal, wenn ich nach Afrika komme, beeindruckt es mich aufs Neue, wie grundverschieden afrikanische Kulturen von der abendländischen Kultur sind. Der Hauptunterschied besteht in ihrem Gemeinschaftsgeist. Wenn man die westliche Gesellschaft ins Bild einer Stadt bringen kann, in der Massen von Menschen, die alle im Wettbewerb miteinander begriffen sind, eilig umherwimmeln, so kann man sich im Unterschied dazu die afrikanische Gesellschaft im Bild des Dorfes vorstellen, das Gemeinschaft verkörpert.

In den Dörfern der afrikanischen Länder, die ich besucht habe, sind die Menschen selten allein. Das fängt bereits damit an, dass sie sehr eng zusammenleben. Die Kinder schlafen oft alle miteinander in einem einzigen Raum. Auf den Höfen tummeln sich ständig Tanten, Onkel, Vettern, Kusinen und sonstige Verwandte jeglichen Grades. Alle werden von der oft strengen und mächtigen Führung des Familienchefs oder einer Gruppe Älterer zusammengehalten.

In einer solchen Lebenswelt neigen alle dazu, sich der Gemeinschaftsdisziplin zu unterwerfen. Für Individuelles oder für schöpferische Initiativen bleibt kaum Raum; die älteren Mitglieder der Gemeinschaft übernehmen für die anderen sogar so persönliche Aufgaben wie die Arbeitssuche oder die Wahl des Ehepartners. In einem derartigen Kontext verschafft das Dazugehören jedoch jedem Familienmitglied ein starkes Sicherheitsgefühl.

Diese Dörfer können durchaus ungemein anziehend menschlich wirken. Die Männer haben ihre klar umschriebenen Rollen, die Frauen genauso. Doch der hohe Preis, der für eine solche Ordnung und Sicherheit zu zahlen ist, besteht in der großen Schwierigkeit, die die Einzelnen haben, wenn sie sich von der Macht der Gruppe befreien, ihr wahres, tiefstes Selbst leben und Neues suchen wollen.

Das rührt an ein echtes Paradox: Wir Menschen sehnen uns nach Dazugehören. Wir brauchen das Verbundensein mit anderen, weil es uns Sicherheit gibt, aber dieses Verbundensein kann zugleich jene natürliche Bewegung und Entwicklung blockieren, die wir in unserem Leben ebenfalls brauchen. Es kann auch der Kreativität im Weg stehen und das naturgegebene Empfinden und Erleben des Einsamseins ersticken, das uns dazu antreibt, Neues zu entdecken und uns stärker auf Gott auszurichten. Diese Einsamkeit ist das Einsamsein des Einzelnen, der einen Schritt aus der Gruppe heraus wagt und damit die Gelegenheit gewinnt, Neues zu entdecken und etwas zu tun, was aus der allgemeinen Norm herausfällt.

So zeigt sich: Wir Menschen sind von zwei gegenläufigen Antrieben beherrscht: dem Antrieb dazuzugehören, dazu zu passen und Teil von etwas Größerem als nur wir selbst zu sein, und vom Antrieb, unser tiefstes Selbst ans Licht kommen zu lassen, selbstständig zu gehen, uns nicht nur auf das allgemein Anerkannte und Bequeme zu beschränken, was zumindest zeitweise auch bedeuten kann, dass man manche Angst in Kauf nimmt. In der Gruppe entdecken wir, was wir alle gemeinsam haben. Als Einzelne entdecken wir unsere ganz persönliche Beziehung zu Gott.

Daher gilt es also, einen Weg zu finden, der ausgewogen unseren beiden gegenläufigen Impulsen gerecht wird.

Die Schwäche des Kindes

Woher stammen diese beiden gegensätzlichen Antriebe: das Bedürfnis, ganz ich selbst zu sein und das Bedürfnis nach Gemeinschaft?

Wir sind alle in Kleinsein und Schwäche gezeugt und geboren. Am Anfang konnten wir von uns aus gar nichts selbst tun. Wir waren bezüglich unserer Nahrung und unseres Schutzes völlig von unseren Eltern abhängig. Unser allergrößtes Bedürfnis bestand darin, dass sie uns mit ihrer schützenden und ermutigenden Liebe zur Entfaltung verhalfen. Kinder können ohne diese Liebe nicht leben und wachsen. Für ein Menschenwesen ist die Liebe von so vitaler Notwendigkeit wie die Nahrung.

Wenn Kinder geliebt werden, entfalten sie sich vertrauensvoll; ihre Körper und Herzen öffnen sich denen, die sie achten und lieben, die sie verstehen und ihnen zuhören. Und sie beginnen aufzublühen.

Was geschieht, wenn ein Kind sich ungeliebt und unerwünscht fühlt? Die schreckliche Einsamkeit eines solchen Kindes lässt sich mit nichts anderem vergleichen. Ein einsames Kind ist ein zerbrechliches und hilfloses Wesen und empfindet Angst, Beklemmung und eine Art Schuldgefühl. Und wenn Kinder in ihren Herzen verwundet werden, lernen sie not-wendig, sich hinter hohen Schranken zu schützen.

Einsame Kinder empfinden keinerlei Gemeinsamkeit mit Erwachsenen. Sie haben alles Selbstvertrauen verloren, sind verwirrt und fühlen sich missverstanden. Einsame Kinder können ihren Schmerz nicht benennen. Was ihnen einzig bleibt, sind Selbstbeschuldigungen.

Doch das Leben möchte unbedingt leben. Kinder scheinen auch unter den schlimmsten Bedingungen zu überleben: Krankheit, Qualen, Missbrauchtwerden, Gewalt und Verlassenheit bringen sie nicht um. Das Leben kann zäh und ausdauernd sein. Alle Kinder lernen instinktiv, ihre schrecklichen Gefühle hinter inneren Mauern zu verbergen, in den entlegensten Bereichen ihres Wesens. Dort kann die ganze Unordnung und Schwärze ihres Lebens begraben liegen. Sie aber werfen sich in ihr Leben, suchen nach Bestätigung und Selbsterfüllung, steigern sich in Träume und Illusionen hinein.

In diesen Kindern können sich Verletzungen und Schmerzen in Energie verwandeln, die sie vorwärts treibt. Sie können zu Individuen werden, die von den Mauern geschützt sind, die sie um ihre verletzlichen, tief verwundeten Herzen aufrichten mussten. Weniger verletzte Kinder haben dünnere Mauern errichtet. Sie finden sich mit dem Leben in der Welt und der Zusammenarbeit mit anderen leichter zurecht, sind nicht so stark in sich selbst verschlossen.

Das einsame Kind ist unfähig, Kontakt mit anderen zu knüpfen. In jedem von uns steckt ein Stück weit dieses einsame Kind. Es ist versteckt hinter den Mauern, die wir errichtet haben, um überleben zu können. Ich spreche hier natürlich nur von *einem* Aspekt der Einsamkeit, d. h. von jener Einsamkeit, die einen Teil in uns gefährdet oder zerstört, und nicht von der Einsamkeit, die sich schöpferisch auswirken kann.

Wie könnten wir damit anfangen, uns von dem schrecklichen Erbe, das uns die destruktive Einsamkeit beschert hat, zu lösen? Ich kann dazu nur etwas aus meiner eigenen Erfahrung sagen, und so will ich hier von CLAUDIA erzählen.

Liebe verwandelt das Chaos

1975 nahmen wir CLAUDIA in unsere „Arche"-Gemeinschaft in Suyapa auf, einem Slumbezirk von Tegucigalpa in Honduras. Sie war sieben Jahre alt und hatte ihr bisheriges Leben in einem trostlosen, überfüllten Heim verbracht. CLAUDIA war blind, hatte Angst, sich auf irgendjemanden einzulassen, war voll innerer Schmerzen und Ängste. Klinisch gesprochen war sie autistisch.

Ihre Angst schien sogar schrecklich zuzunehmen, als sie in die „Arche"-Gemeinschaft kam, und zwar vermutlich deshalb, weil sie infolge des Verlassens des Heims ihre festen Bezugspunkte und ihr äußerlich strukturiertes Dasein verlor, das ihr eine gewisse Sicherheit bedeutet hatte. Alles und jeder machten ihr Angst. Sie schrie Tag und Nacht und schmierte Exkremente an die Wand. Sie schien völlig verrückt. Ihre Persönlichkeit war von Unsicherheit überwältigt und schien sich aufzulösen.

CLAUDIA durchlebte eine entsetzliche Art von Geisteskrankheit, die man nicht beschönigen oder gar als Durchgangstor in eine andere Welt ansehen kann. In der „Arche" haben wir aus eigener Erfahrung des Heilwerdens und auch dank der Hilfe von Psychiatern und Psychologen gelernt, dass Phasen von Chaos oder „verrückt werden" einen Sinn haben können. Es kommt von irgendwoher, es ist verständlich. Verrückt werden ist wie ein einziger ungeheurer Schrei. Wenn der Stress, in einer Welt voller Schmerzen zu sein, unerträglich wird, ist Verrücktwerden eine Form der Flucht, unter anderem der Flucht vor der Angst. Aber in dieser vermeintlichen Unordnung steckt eine Ordnung, die Heilung ermöglicht, sofern man dies erkennt und den Zugang dazu findet.

Zwanzig Jahre, nachdem CLAUDIA nach Suyapa gekommen war, besuchte ich die dortige Kommunität wieder und traf auch CLAUDIA. Ich fand sie in recht guter Verfassung. Sie war eine 28-jährige Frau, immer noch blind und autistisch, aber im Frieden und in der Lage, in der Gemeinschaft vieles zu tun. Sie war immer noch gern für sich allein, aber sie war eindeutig kein einsamer Mensch mehr. Oft sang sie vor sich hin, und auf ihrem Gesicht lag ständig ein Lächeln.

Zuweilen wurde sie wütend, und zwar dann, wenn sie das Gefühl hatte, sie werde nicht geachtet oder man bringe sie in eine Situation, die Gefühle der Unsicherheit bei ihr auslösten. Eines Tages saß ich ihr beim Essen gegenüber und sagte zu ihr: „Claudia, darf ich Ihnen eine Frage stellen?" Sie sagte: „Si, Juan." „Claudia, warum sind Sie so glücklich?" Ihre Antwort war einfach und direkt: „Dios – Gott." Ich fragte später NADINE, die Leiterin der Gemeinschaft, was diese Antwort wohl bedeute. Sie sagte nur: „Das ist Claudias Geheimnis."

Einsamkeit und Unsicherheit waren es, die CLAUDIA ins Chaos des „Verrückt-Seins" gestürzt hatten. Gemeinschaft, Liebe und Freundschaft haben ihr schließlich inneren Frieden geschenkt. Diese Bewegung vom Chaos zum inneren Frieden, vom Selbsthass zum Selbstvertrauen setzte ein, als Claudia spürte, dass sie geliebt wurde.

Meiner Überzeugung nach gibt es sieben Aspekte der Liebe, die dafür notwendig scheinen, dass sich in den Herzen derer, die sich zutiefst einsam fühlen, ein Wandel vollzieht. Diese sind: das Offenbaren, das Verstehen, die Kommunikation, das Feiern, das Ermächtigen, das Zusammensein und schließlich die Vergebung.

(1) Das Offenbaren
Der erste Aspekt der Liebe, der Schlüsselaspekt, ist das Offenbaren. Genau wie eine Mutter oder ein Vater natürlicherweise ihrem Kind offenbaren, dass es wertvoll und schön ist, offenbaren der Therapeut und die anderen der Gemeinschaft auch CLAUDIA, dass sie wertvoll und schön sei. Jemandem zu offenbaren, dass er schön und liebenswert ist, heißt, ihn spüren lassen, dass er wertvoll ist. Praktisch bedeutet dies, ihm Zeit, Aufmerksamkeit und Zärtlichkeit zu schenken. Jemanden lieben heißt nicht nur, für ihn etwas zu tun, sondern ihm zu offenbaren, dass er einmalig, und ihm zu sagen, dass er etwas Besonderes und darum besonderer Aufmerksamkeit wert ist. Diese Offenbarung kann man einem Menschen dadurch vermitteln, dass man in Güte und Offenheit bei ihm ist, durch die Art, wie man ihn anschaut oder ihm zuhört, auf die Weise, wie man mit ihm spricht und für ihn sorgt. Man kann die eigenen Gesten mit einem Respekt ausfüllen, der dem anderen dessen Wert offenbart, selbst wenn sein Wert unter Widerstand, Wut, Hass oder Verrücktheit verborgen ist.

Diese heilend wirkende Offenbarung, dass jemand wertvoll ist, braucht Zeit. Bei CLAUDIA hatten sieben leidvolle Kindheitsjahre in einem Heim, sieben Jahre der Einsamkeit, des Fehlens von Liebe und des Gefühls, nichts wert zu sein, ihren Zoll gefordert. CLAUDIA hatte Überlebensstrategien und Gewohnheiten entwickelt, die aus ihrer Überzeugung erwuchsen, nichts wert zu sein. Ihre Verrücktheit und ihr Schreien waren verständliche Reaktionen auf eine Welt, in der niemand sie wollte. Es brauchte viel Zeit, bis sich etwas in ihr veränderte und sich in ihr der Selbsthass zum Selbstvertrauen wandeln konnte.

Es ist so leicht, sich auf die Schönheit eines kleinen Kindes einzulassen, aber wie sollte man sich auf die Schönheit CLAUDIAS einlassen, wenn sie völlig „verrückt" wirkte? Das ist die grundlegende Frage. Wie kann man darauf vertrauen, dass auch sie ein Herz hat und in der Lage ist, in ganz kleinen Schritten Liebe anzunehmen, sich von Liebe verwandeln zu lassen und schließlich selbst Liebe zu geben?

Der Glaube an die innere Schönheit jedes Menschenwesens macht das Herz der „Arche" aus, und er ist der Kern jeder echten Erziehung und der Kern des Menschseins. Sobald man anfängt, Menschen zu sortieren und zu beurteilen, statt sie anzunehmen, wie sie sind, mit ihrer gelegentlich ganz verborgenen Schönheit und auch mit ihren weitaus häufigeren sichtlichen Schwächen, hemmt man Leben, statt es zu fördern. Offenbart man dagegen den Menschen, dass man an sie glaubt, kommt ihre verborgene Schönheit zum Vorschein.

(2) Verstehen

Lieben bedeutet auch Verstehen. Das ist ihr zweiter Aspekt. Für CLAUDIA war es not-wendig, verstanden zu werden. Hätte niemand sie verstanden, wie hätte ihr jemand helfen können, inneren Frieden zu finden und zu wachsen? Ihre Schreie waren nicht nur ein Zeichen ihrer inneren Zerbrochenheit, ihrer Finsternis und Angst, sondern auch Hilferufe. So schwer es fallen mag, diese Sehweise zu akzeptieren und mit ihr zurecht zu kommen, so bin ich dennoch der Überzeugung, dass jeder Akt von Gewalt auch eine Botschaft ist, die es zu verstehen gilt. Und: Gewalt sollte man nicht mit noch mehr Gewalt erwidern, sondern mit echtem Verstehen. Wir stellen die Frage: Woher stammt die Gewalt? Was ist ihr Sinn?

32

Schauen wir noch einmal auf CLAUDIA zurück. NADINE, die Leiterin der Kommunität in Suyapa, musste für die Betreuung CLAUDIAS einen Psychiater und eine Psychologin zu Rate ziehen. Sie stellten fest, dass CLAUDIA die Sicherheit eines genau strukturierten Tages brauchte. CLAUDIA fing an zu lernen, wie der Tag in Suyapa der Reihe nach ablief und wie sie auf die einzelnen Abschnitte reagieren sollte. Sie begann, eine bestimmte Ordnung zu entdecken, und lernte, was sie erwarten konnte, und auch umgekehrt, was von ihr erwartet wurde. Wichtig war die Schaffung einer Vertrauensbeziehung, die aus dem Verständnis dessen erwuchs, was CLAUDIA brauchte.

Kinder wie CLAUDIA, die aus defekten menschlichen Beziehungen in ihre Eigenwelt fliehen und nicht fähig sind, verbal mit anderen zu kommunizieren, brauchen ein ganz eigenes Verstehen. Dazu bedarf es vieler Zeit und Aufmerksamkeit. Zur richtigen Deutung ihrer Schreie und ihrer Körpersprache, womit sie die Wünsche und Bedürfnisse äußern, die sie anders nicht benennen können, ist man zudem auf die Weisheit und Hilfe professioneller Kräfte angewiesen.

(3) Kommunizieren

Der dritte Aspekt der Liebe ist Kommunikation. Sie macht den Kern der Liebe aus. Wie wir es brauchen, dass andere uns verstehen, müssen wir auch uns selbst verstehen, und dazu bedürfen wir gewöhnlich der Hilfe. Verstörte Kinder brauchen jemanden, der ihnen hilft, genauer zu benennen, worin ihre Verstörung gründet. Wird das nicht benannt, wächst die Verwirrung, und mit ihr stellen sich Ängste ein.

Etwas zu benennen bedeutet, es aus dem Chaos, der Verwirrung herauszurufen, damit man es sehen und verstehen kann. Es ist etwas Schreckliches, wenn von bestimmten Wirklichkeiten, etwa dem Tod, nie gesprochen wird, so dass sie verborgen und unverstanden bleiben. Werden diese

Wirklichkeiten nie benannt, bedrohen sie uns wie schlimme Geister. Oder: Für die Menschen der Generation meiner Großmutter war es verboten, über Sex zu reden; und da die Sexualität nie benannt wurde, übte sie eine gewaltige, zwanghafte Macht aus.

Benennt man die Dinge, so können Kinder rasch entdecken, dass es so etwas wie Wahrheit gibt und sie nicht in einer chaotischen Welt leben, in der nur Heuchelei, Lügen und Verstellung herrschen. Eltern, die ihren Kindern sagen, dass sie zu Unrecht wütend waren und sie daher um Verzeihung bitten, benennen etwas: Sie geben zu, dass sie nicht vollkommen sind. Dabei können Worte und Leben zusammenkommen: Hier kann das Wort tatsächlich Fleisch werden.

Ich habe gelernt, dass der Prozess des Lehrens und Lernens und der Kommunikation eine ständige Hin- und Herbewegung ist: Derjenige, der Heilung erfährt, und der, der heilend wirkt, tauschen ständig ihre Rollen. Wenn wir uns selbst zu verstehen beginnen, fangen wir auch an, andere zu verstehen. Das ist Teil des Prozesses des Übergangs vom Idealismus zur Wirklichkeit, vom Himmel zur Erde. Wir müssen nicht vollkommen sein und auch nicht unsere Gefühle verleugnen.

Hier liegt für mich eine andere tiefe Wahrheit verborgen: Ein Verstehen erlangt man genau wie die Wahrheitserkenntnis nicht nur über den Intellekt, sondern auch über den Körper. Wenn wir auf unseren Körper zu hören beginnen, fangen wir an, mittels unserer eigenen Erfahrungen auf die Wirklichkeit zu hören. Wir beginnen, unserer Intuition, unserem Herzen zu vertrauen. Die Wahrheit ist auch im „Boden" unseres eigenen Körpers versteckt. So geht es also darum, sich von den Theorien, die man gelernt hat, auf das Hören auf die Wirklichkeit zu verlegen, die in einem wohnt und einen umgibt. Die Wahrheit bricht aus dem Grund, dem Boden hervor. Damit soll nicht die Wahrheit in

Abrede gestellt sein, die uns von Lehrern, aus Büchern, aus der Tradition, von unseren Vorfahren und von unserem religiösen Glauben her zufließt. Aber beides muss zusammenkommen. Die Wahrheit des Himmels muss durch die Wahrheit der Erde bestätigt und bekräftigt werden. Wir müssen das Hören und sodann das Kommunizieren lernen.

(4) Das Feiern

Der vierte Aspekt der Liebe ist das Feiern. Es genügt nicht, Menschen zu offenbaren, dass sie wertvoll sind, und sie zu verstehen und zu versorgen. Menschen zu lieben bedeutet auch, sie zu feiern. Allzu oft werden die CLAUDIAS dieser Welt nur als Problemfälle gesehen, die der Betreuung durch professionelle Kräfte bedürfen. Doch die CLAUDIAS brauchen auch das Lachen und Spielen. Sie brauchen Menschen, die das Leben mit ihnen feiern und sie ihre Freude spüren lassen, mit ihnen zusammen zu sein. Diese Freude und die gütige Präsenz NADINES und der anderen in Suyapa waren es, die CLAUDIAS enorm dicke Verteidigungsmauern schließlich nach und nach schwinden ließen. In kleinen Schritten begann sie zu vertrauen, dass sie nicht schlecht, sondern zur Liebe und zum Geliebtwerden fähig ist.

Viele Menschen mit Behinderungen werden von ihren Eltern und Angehörigen nur als tragischer Fall betrachtet. Menschen in ihrer Umgebung setzen traurige Gesichter auf, manchmal auch mitleidige, oder sie haben Tränen in den Augen. Aber jedes Kind, jeder Mensch bedarf des Wissens, dass er auch eine Quelle der Freude ist. Jedes Kind, jeder Mensch braucht es, gelegentlich gefeiert zu werden. Erst wenn wir alle unsere Schwächen als Bestandteil unseres Menschseins angenommen haben, können wir unsere negativen, gebrochenen Bilder von uns selbst in positive Bilder umwandeln.

(5) Ermächtigen

Der fünfte Aspekt der Liebe ist das Ermächtigen. Es geht in der Liebe nicht nur darum, anderen eine Reihe von Dingen zu tun, sondern auch, ihnen zu helfen, etliches selbstständig tun zu können und ihnen beizustehen, den Sinn ihres Lebens zu erkennen. Jemanden lieben heißt, ihn zu ermächtigen. CLAUDIA hatte es Schritt für Schritt zu lernen, für ihren Körper und ihr Leben überhaupt verantwortlich zu sein, aus eigener Autorität bestimmte Dinge zu tun und Entscheidungen treffen zu können, mochten sie noch so klein sein. Doch mit diesem Gespür der Verantwortung für sich selbst ergab sich zugleich auch die Aufgabe, Rücksichtnahme auf andere zu lernen. Dieses Ermächtigtwerden bedeutete für CLAUDIA auch, dass sie lernte, sich an die Strukturen der Gemeinschaft zu halten und sich darum zu bemühen, die anderen zu respektieren und zu lieben.

Viele Helfer schließen sich unseren „Arche"-Gemeinschaften an, weil sie mit Männern und Frauen mit geistigen Behinderungen zusammenleben und ihnen helfen wollen. Die Rolle dieser Helfer lässt sich mit derjenigen einer Hebamme vergleichen: Sie tragen dazu bei, dass Leben entsteht, und sie fördern dieses, damit es sich gemäß seinem eigenen natürlichen Rhythmus entwickeln und wachsen kann. Die Helfer der „Arche" sind nicht dazu da, Menschen mit Behinderungen sozusagen zur „Normalität" zu verhelfen, sondern sie stehen ihnen bei, in Richtung Reifwerden zu wachsen. Bei jedem Menschen der „Arche" sieht dieses Wachsen auf Reife hin anders aus. NADINES Rolle und auch die Rolle der anderen Helfer bestand nicht darin, CLAUDIA zu kontrollieren, zu dirigieren oder zu programmieren, sondern ihr zu helfen, in die Freiheit hinein zu erblühen, sie zum Wachsen zu ermutigen und sich selbst so anzunehmen, wie sie ist. CLAUDIAS Leben ist „ihr eigenes Geheimnis".

CLAUDIA vermochte erst zu wachsen, als sie sich deutlicher des wechselseitigen Zusammengehörens und Aufeinander-Angewiesenseins bewusst wurde, die das Herz der Gemeinschaft von Suyapa ausmachen und ihrerseits ein Spiegel der größeren Welt sind. So konnte CLAUDIA Schritt für Schritt entdecken, dass nicht nur NADINE in ihr neues Leben zu wecken begann, sondern dass auch sie, CLAUDIA, in NADINE neues Leben weckte.

Damit haben wir gesehen, wie die Liebe in das Zusammensein übergeht, also in den sechsten Aspekt der Liebe.

(6) Zusammensein

Gemeinsam sein, die Kommunion miteinander, lebt von wechselseitigem Vertrauen und Zueinander-Gehören. Es ist die Hin- und Herbewegung der Liebe zweier Menschen, in der jeder immer wieder gibt und empfängt. Gemeinsam sein ist kein starrer Zustand, sondern eine immer im Wachsen begriffene und sich vertiefende Wirklichkeit, die verderben kann, wenn einer der Beteiligten den anderen zu dirigieren versucht und dadurch ein Weiterwachsen verhindert. In der Gemeinsamkeit mit einem anderen ist man füreinander auch verletzlich und offen. Letztlich stellt es für beide eine Befreiung dar, wenn jeder er selbst sein darf und beide spüren, dass sie in eine immer noch größere Freiheit auch anderen und der Welt insgesamt gegenüber hineinwachsen.

Eine wunderbare Form der Liebe ist das Vertrauen. Wenn wir großzügig sind, verschenken wir leichten Herzens Geld, Zeit und Wissen. Beim Vertrauen verschenken wir uns selbst. Wir können uns allerdings nur verschenken, wenn wir das Vertrauen haben, bei jemand anderem auch tatsächlich willkommen zu sein. – In welchem Augenblick wird das Vertrauen geboren? Bei CLAUDIA war es ein verborgener Augenblick, den nur sie kennt. Es war wohl der Augenblick, in dem sie spürte, dass sie geliebt wird.

Mit dieser Erkenntnis trat CLAUDIA in eine Beziehung des Dazugehörens ein. Als ihr Herz sich öffnete, bewirkte dies, dass auch NADINES Herz sich weiter öffnete und auch sie einen Schritt weiter aus ihrer Einsamkeit herausbrachte. In diesem Augenblick wurde das Zusammensein von beiden geboren.

Gemeinsam sein macht das Herz des Geheimnisses unseres Menschseins aus. Es bedeutet, die Gegenwart eines anderen in seinem eigenen Inneren zuzulassen und zu erkennen, dass man berufen ist, sich aufeinander einzulassen. Zum Zusammensein gehört die Sicherheit und zugleich die Unsicherheit des Vertrauens. Darum ist das Zusammensein vom ständigen Ankämpfen gegen alle Mächte der Angst und Selbstsucht in uns und auch gegen das scheinbar unausrottbare Bedürfnis, den anderen zu bestimmen, begleitet.

Wenn wir für einen anderen ganz offen sind, verlieren wir ein Stück weit die Kontrolle über unser eigenes Leben. Die Gemeinsamkeit von Herzen ist etwas Wunderbares, aber auch etwas Gefährliches. Wunderbar ist es, weil es eine neue Form der Befreiung darstellt. Es ermöglicht eine ganz neue Freude, weil man nicht mehr länger allein ist. Gefährlich kann es sein, weil wir unsere inneren Schranken fallen lassen und dadurch verletzlich werden. Gemeinsam sein macht verwundbar.

In diesem befreienden Zusammensein ist Gott anwesend. Daher heißt es in der Bibel im 1. Johannesbrief:

„Liebe Brüder, wir wollen einander lieben;
denn die Liebe ist aus Gott,
und jeder, der liebt,
stammt von Gott und erkennt Gott" (4,7).

(7) Vergeben

Es gibt einen siebten und letzten Aspekt der Liebe. Er ist in unserer Gleichung der entscheidendste: das Vergeben.

Damit CLAUDIA ihren Weg aus dem Chaos heraus beginnen konnte, brauchte sie die Erfahrung bedingungsloser Liebe. Aber kein Menschenwesen kann diesem Bedürfnis voll und ganz entsprechen. Gelegentlich geschah es, dass die Helfer aus Übermüdung oder aus anderen Gründen auf CLAUDIA gereizt oder ärgerlich reagierten. Das verletzte ihr äußerst verwundbares Herz noch mehr. Wenn Menschen im Zusammensein eng verbunden sind, gehört dazu unbedingt, dass man einander verzeiht und sich gegenseitig um Vergebung bittet.

Jeder von uns hat in sich gebrochene Stellen, Schattenzonen, finstere Winkel, in denen unangenehme Dinge verborgen liegen. Menschen können nicht unablässig aufmerksam, liebevoll und gewaltfrei sein. Wenn dies schon in der größeren Welt so ist, so trifft es noch mehr auf die kleinere Welt der „Arche" zu, wo die Betreuer – diejenigen mit der Berufung, ihr Leben mit den Behinderten zu teilen – im Allgemeinen keine geschulten Profis sind, die täglich eine begrenzte Zahl von Stunden herkommen. Im Gegenteil, die Verpflichtung der Betreuer wird zur dauerhaften Bindung, die wir als „covenant relationship", als „einen Bund miteinander" bezeichnen. Mit unserem gemeinsamen Leben, Arbeiten und Beten werden wir zu einer neuen Art von Familie.

Während ihrer Zeit in der Gemeinschaft, vor allem in ihrer Frühzeit, bekam CLAUDIA Wutanfälle. Es gab Zeiten, in denen sie jegliche Beziehung oder Struktur ablehnte. Sie ließ sich völlig von ihrem inneren Schmerz treiben. Sie kapselte sich ab in ihren ureigenen Bedürfnissen und Wünschen. In solchen Phasen musste sie mit einer unerschrockenen Person konfrontiert werden, die es nicht zuließ, dass CLAUDIA völlig in Angst, Einsamkeit oder „Verrücktheit" auswich. CLAUDIA konnte dies wiederum nur akzeptieren, wenn sie spürte, dass sie respektiert wurde und sich an diese Person um Hilfe und Schutz wenden konnte. Autorität, die nicht auf diesem Grundvertrauen gründet – auf der grundsätzlichen Zustimmung der Geführten – wird auf die persönliche Freiheit des anderen unterdrückend und destruktiv wirken. Nur eine auf Vertrauen gegründete Autorität kann ein Reifen zu innerem Frieden und zu Freiheit hin ermöglichen.

Damit CLAUDIA friedlich in ihr Frausein hineinwachsen konnte, musste sie nach und nach nicht nur ihr physisches Blindsein, sondern auch ihre innere Depression und Wut und die Narben, ja offenen Wunden annehmen, die von ihrer Erfahrung, abgelehnt zu werden, und des Mangels an Liebe und Verständnis während ihrer Jahre im Heim herrührten. Es war wichtig, dass CLAUDIA ihre Schattenbereiche entdeckte, selbst wenn sie sie nicht namentlich benennen konnte. Außerdem hatte sie zu lernen, dass es durchaus akzeptabel war, nicht ganz vollkommen zu sein. NADINES Aufgabe bestand darin, CLAUDIA aufzuzeigen, dass wir alle einem höheren, geheimnisvolleren Gesetz unterworfen sind, einem Gesetz, das nicht wir aufstellen, sondern das uns gegeben wird. Es steckt im Herzen jedes Menschenwesens und offenbart ihm, dass es im menschlichen Leben ums Wachsen geht und es jedem von uns möglich ist, sich aus Finsternis und Chaos heraus ins Licht und in eine neue Ordnung der Liebe hinein zu entwickeln.

CLAUDIAS Wachsen hing von NADINES eigenem Wachsen ab. NADINE hätte CLAUDIA mit all ihrem Chaos und Verrücktsein nie und nimmer akzeptieren können, wenn sie sich dagegen gesperrt hätte, die chaotischen Aspekte und Schattenbereiche in ihrem eigenen Leben zu akzeptieren. Und wenn sie nicht auf ihr eigenes Wachsen vertraut hätte, hätte sie erst recht nicht auf CLAUDIAS Wachsen vertrauen können.

Bei CLAUDIA gab es einen Bereich, in dem sich ein Großteil dieses spirituellen Ringens und Wachsens abspielte: den Bereich des Gebets.

Gemeinsam beten

Wer beten will, muss von den Schmerzen und Freuden seines Alltagslebens einen guten Schritt zurücktreten. Wir brauchen diesen Abstand, insbesondere von all dem, was schwierig oder konfliktbeladen ist. Nur aus einer gewissen Entfernung können wir alles klarer anschauen und einschätzen. Wir sehen die Dinge dann nicht nur aus unserer ichbezogenen Perspektive, sondern von einer Gesamtsicht her, um die wir uns gemeinsam mit anderen bemühen. Durch diese Gesamtsicht kann ein Raum der Liebe geschaffen werden, in dem der Einzelne Zugehörigkeit empfindet. Da wird die Zeit des Gebets zu einer Zeit, in der wir Licht in unser Leben fließen lassen können, um buchstäblich jeden Tag „lichtvoll" zu machen.

Unser Alltagsleben in der „Arche" ist von vielfältigsten Dingen angefüllt. Wir haben ungemein viel zu tun und viel zu wenig Zeit. Gerade deshalb brauchen wir eine Zeit, in der wir jeweils einen Tag noch einmal überdenken. Wir brauchen eine Zeit, in der wir auf die innere Stimme der Hoffnung hören, die uns zum Wesentlichen der Liebe zurückführt, zu all den wirklich wichtigen Dingen, die wir vor lauter Geschäftigkeit und Kreisen um uns selbst vielleicht aus den Augen verloren haben. Beten ist deshalb eher ein Hören als ein Sprechen. Beten heißt, sich wieder auf die Liebe zu konzentrieren. Dabei geht es darum, das Tiefste in uns an die Oberfläche, ins Bewusstsein kommen zu lassen. Für mich bedeutet beten besonders dies – neben vielem anderen, was dabei wichtig sein kann. Beten ist zudem eine Begegnung mit dem, der mich liebt, der mir meinen verborgenen Wert offenbart, mich ermächtigt, anderen Leben zu schenken, Begegnung mit dem, der uns alle liebt und uns zu immer größerer Liebe und immer wacherem Mitempfinden beruft. Beten heißt, in der stillen, gütigen Gegenwart Gottes auszuruhen.

Die Gemeinschaft in Honduras versammelt sich allabendlich zum Gebet. Es ist ein schlichtes Gebet des Vertrauens und der Liebe, bei dem Gottes Geist auf jeden Einzelnen herabgerufen wird. CLAUDIA schloss sich dieser Gebetszeit aus freien Stücken und problemlos an. Sie öffnete dabei ihr Herz für Gott. Beim Gebet vor Gott wussten sich NADINE, CLAUDIA und alle anderen Mitglieder der Gemeinschaft gleichen Ranges. Jeder und jede konnte um Verzeihung für eigene Herzenshärte bitten; jede und jeder konnte Gott für die Liebe und das Leben danken, das sie an diesem Tag hatten erfahren dürfen; und jeder und jede konnte um die Kraft bitten, immer mehr von eigener Selbstsucht freizukommen.

Als CLAUDIA es allmählich schaffte, darauf zu vertrauen, dass nicht nur NADINE, sondern auch Gott sie liebte, fiel es ihr auch leichter, sich selbst zu lieben. Zudem war es ihr leichter, daran zu glauben, dass auch sie in ihrer Liebe und Hingabe an Gott und an die anderen noch wachsen und anderen Leben schenken konnte. So fand sie nach und nach einen Sinn für ihr Leben. Sie spürte, dass auch sie von Gott stammte, von einem Gott der Liebe, und sie machte sich wieder auf den Weg zu ihm. So bekommt der Weg durchs Leben dank der Liebe seinen Sinn.

Einsamkeit scheint eine ganz wesentliche Erfahrung zu sein. Dabei geht es nicht nur darum, mit sich allein zu sein. Einsamkeit ist nicht das Gleiche wie dieses Alleinsein. Man kann allein und trotzdem sehr glücklich sein, weil man weiß, dass man zu einer Familie, einer Gemeinschaft, ja zum Universum insgesamt gehört. Einsamkeit ist vielmehr das bittere Gefühl, nirgends dazuzugehören, also von allem und allen abgeschnitten zu sein. Es ist ein Gefühl, wertlos und nicht in der Lage zu sein, mit einer Welt zurechtzukommen, die sich anscheinend gegen einen verschworen hat.

Einsamkeit ist auch ein Gefühl, schuldig zu sein. Schuldig weshalb? Weil ich überhaupt da bin? Weil ich missachtet und verurteilt werde? Von wem? Wir wissen es nicht. Einsamkeit hat den Geschmack des Todes an sich.

Viele Menschen, die im Chaos zu versinken drohen, wurden meist schon unter chaotischen Verhältnissen gezeugt und geboren, haben kaum anderes als Missbrauch und Hass erlebt. Da sie nie Liebe empfingen, bleiben sie unfähig, Liebe zu schenken. Da sie bereits früh in ihrem Leben im Chaos steckten, können sie selber nur Chaos weitergeben. Liebe aber wird wie Angst und Hass von einer Generation an die andere weitergereicht.

Heißt dies, dass Chaos unvermeidlich ist, dass Leid und Hass in der Welt immer wieder aus der Unfähigkeit von Eltern erzeugt werden, die ihren Kindern keine bedingungslose Liebe zu schenken vermögen? Sind wir alle mehr oder weniger von Anfang an auf Unterdrückung, Konflikt und folglich auf Chaos angelegt? JEAN-PAUL SARTRE sagte, die Liebe sei nur eine Illusion. Hatte er Recht?

Meine Überzeugung und meine Erfahrungen haben mir gezeigt, dass es einen Ausweg gibt. Genau der ist Thema dieses Buches. Aber Voraussetzung dafür, den Ausweg zu finden, ist, dass wir unsere natürliche Schönheit als Menschenwesen erkennen, d. h. unsere Fähigkeit, anderen Leben zu schenken und uns von anderen Leben schenken zu lassen.

Vieles von dem, was ich in diesem Kapitel gesagt habe, handelt vom einzelnen Menschen und von dem, was der Einzelne tun kann. Doch wie steht es mit dem größeren Zusammenhang? Gibt es dafür eine politische oder soziale Lösung? Welche Art von Gesellschaft wollen und suchen wir? In meinen Augen gibt es da einige Leitlinien. Eine Gesellschaft, die dazu ermutigt, den Panzer des Egoismus und Kreisens um uns selbst aufzubrechen, trägt in sich die Saat für eine Gesellschaft, in der die Menschen ehrlich, wahrhaftig und von Liebe erfüllt sind. Eine Gesellschaft kann nur dann gut funktionieren, wenn alle, die zu ihr gehören, sich aktiv nicht nur um die eigenen Bedürfnisse oder die der Menschen in ihrer allernächsten Umgebung kümmern, sondern auch um die Bedürfnisse aller, d.h. um das Gemeinwohl und die Völkergemeinschaft. Meiner Überzeugung nach ist jeder Mensch auf dem Weg zu dieser Offenheit, bei der wir uns auf das Wagnis der Liebe einlassen.

Das Wachsen hin zur Offenheit besteht darin, miteinander ins Gespräch zu kommen, anderen zu vertrauen und ihnen zuzuhören, vor allem denen, die einem Dinge sagen, die man ungern hört, sodann sich darüber auszutauschen, wer welche Bedürfnisse hat und wie man sich gemeinsam auf etwas Neues hin entwickeln könnte. Eine für alle förderliche Gesellschaft entsteht dann, wenn Menschen es wagen, einander zu vertrauen, sich untereinander auszutauschen und sich umeinander zu kümmern.

Im nächsten Kapitel geht es ums Dazugehören: d.h. um das elementare Bedürfnis, mit anderen zusammen zu sein und mit ihnen Leben zu teilen. Das Herz des Menschen ist grundsätzlich auf Freiheit hin angelegt. Man kann uns auf Gesetze verpflichten, nicht aber auf die Liebe, denn „die wahre Liebe treibt die Furcht aus". Unsere Gesellschaft nimmt an Gerechtigkeit und Frieden zu, wenn wir es zulassen, dass sich in uns die wunderbaren Energien der Liebe und der Sorge um alle entfalten.

2 Dazugehören

Im ersten Kapitel war von Einsamkeit die Rede, von der Leere, die wir empfinden, wenn wir von allen getrennt und kontaktlos sind. Menschen haben das Grundbedürfnis, zumindest *einen* zu haben, der an sie glaubt und ihnen vertraut. Aber das genügt nie, denn dieses Bedürfnis geht weit darüber hinaus. Jeder von uns will auch irgendwo dazugehören, nicht nur zu einem einzigen Menschen, sondern zu einer Familie, einer Gruppe, einer Kultur. So soll in diesem Kapitel das Dazugehören genauer angeschaut werden.

Dazugehören ist für unser Wachstum hin auf Unabhängigsein von Bedeutung. Darüber hinaus ist es auch für unser Wachsen an innerer Freiheit und Reife von hohem Wert. Nur durch ein Dazugehören können wir den Panzer des Individualismus, des Kreisens um sich selbst, durchbrechen, der uns zwar schützen kann, aber zugleich auch isoliert.

Der Drang des Menschen nach Dazugehören hat allerdings auch seine Tücken. In unserem Herzen gibt es das angeborene Bedürfnis, uns mit einer Gruppe zu identifizieren, weil wir durch sie geschützt und sicher sein wollen. Wir möchten in ihr unsere Identität entdecken und bestätigt finden. Die Gruppe soll unseren Wert und unser Gutsein anerkennen, ja uns spüren lassen, dass wir besser sind als andere. Meiner Überzeugung nach stehen nicht Religion oder Kultur am Ursprung menschlicher Konflikte, sondern die Art und Weise, wie Gruppen Religion oder Kultur dazu benutzen, einander gegenseitig zu beherrschen und anzufeinden. Ich füge sofort hinzu: Stünden Religion und Kultur den Menschen nicht sozusagen als Knüppel zur Verfügung, um andere zu prügeln, würden sie etwas anderes dazu verwenden.

Sind Menschenwesen denn grundsätzlich böse? Der französische Philosoph JEAN-PAUL SARTRE vertrat die Überzeugung, bei der Liebe handle es sich nur um die Freiheit des einen Menschen, die Freiheit des anderen zu verschlingen. Sind wir dazu verdammt, im Konflikt zu leben und zu sterben? Verhehlen all unsere großzügigen Aktionen lediglich unser Bedürfnis, anderen überlegen zu sein?

SARTRE bringt mich zu meinem Hauptpunkt: Worin genau besteht das Bedürfnis nach Dazugehören? Ist es nur eine Art und Weise, mit seiner persönlichen Unsicherheit umzugehen und an dem Identitätsgefühl teilzuhaben, das eine Gruppe bietet? Oder ist das Dazugehörigkeitsgefühl ein wichtiger Bestandteil des Weges jedes Menschen auf Freiheit hin? Hat das Erleben dazuzugehören eine ähnliche Aufgabe wie der Erdboden, d. h. der nährende Untergrund zu sein, auf dem Pflanzen und Bäume wachsen und ihre Blüten und Früchte mit allen teilen können?

Eine Gruppe ist der spürbare Boden des Dazugehörigkeitserlebens. Jedoch kann sich eine Gruppe auch in sich selbst abkapseln und signalisieren, sie sei anderen überlegen. Ich sehe es jedoch so, dass jedes Dazugehören den Kern einer elementaren Entdeckung ausmachen sollte: dass wir alle einer gemeinsamen Menschheit, einer großen Menschengemeinschaft angehören. Das heißt: Wir mögen in einer ganz bestimmten Familie und Kultur verwurzelt sein, aber wir kommen auf diese Erde, um uns für andere zu öffnen, ihnen zu dienen und die Gaben entgegenzunehmen, die sie uns und zugleich der gesamten Menschheit zu bieten haben.

1986 gründete die „Arche" eine Gemeinschaft in Bethanien, im Gebiet der Westseite des Jordan, wenige Kilometer von Jerusalem entfernt. Unser Haus lag in einer Zone islamischer Palästinenser, unweit ihrer Moschee. All unsere Nachbarn waren Muslime, einschließlich der Besitzer unseres Hauses, ALI und FATMA, die im obersten Stockwerk wohnten und alles nur Erdenkliche taten, dass wir uns wohl fühlten. MARIE-ANTOINETTE und KATHY, die Leiterinnen dieser „Arche"-Gemeinschaft, nahmen bei sich zwei junge Frauen, RULA und GHADIR, sowie einige andere Leute mit Behinderungen aus der Umgebung auf.

Bei allen meinen Besuchen dieser kleinen Kommunität war ich von GHADIRS Schönheit fasziniert. Sie litt unter Hirnlähmung und konnte nicht sprechen; aber ihr Lächeln, ihr Vertrauen und ihre leuchtenden Augen begrüßten mich jedes Mal äußerst herzlich. Sie „sprach" mit ihrem gesamten Körper auf ungemein liebevolle Weise. Andererseits berührte mich der Schmerz von RULAS Mutter ungemein tief. RULA lebte mit schrecklichen Ängsten und schrie oft stundenlang. Die Tränen ihrer Mutter unterschieden sich in nichts von den Tränen einer christlichen oder jüdischen Mutter.

Menschenwesen sind grundsätzlich alle von der gleichen Art. Wir gehören alle einer gemeinsamen, gebrochenen, verwundeten Menschheit an. Unsere Herzen sind verwundet und verletzlich. Jeder hat das Bedürfnis nach Wertschätzung und Verständnis. Wir alle brauchen Hilfe. An RULA und GHADIR ging mir vor allem ganz deutlich auf, wie Menschen, die besonders schwach und bedürftig sind, über eine geheime Kraft verfügen, an unsere Herzen zu rühren und uns zu einem wechselseitigen Zusammengehören zu führen, ganz unabhängig von Region, Religion oder Kultur.

Wohin man auch kommt, Menschen mit geistigen Behinderungen sind sich besonders ähnlich. Aus ihrer offensichtlichen Schwäche heraus reagieren sie besonders stark auf Liebe, d.h. auf eine Liebe, die ihnen ihren Wert offenbart und sie versteht. Von ihnen geht ein ganz eigener Friede aus. Sie scheinen andere mit ihrer Liebe und ihrem Vertrauen besonders anzuziehen. Dass unsere kleine Gemeinschaft in Bethanien von der Nachbarschaft akzeptiert wurde, verdankte sie GHADIR, RULA und den anderen.

Während meiner vielen Besuche dieser Gemeinschaft ging ich auch oft in das nicht weit entfernte Jerusalem. Die meisten Juden, mit denen ich sprach, konnten nicht verstehen, weshalb wir unter den Palästinensern lebten. Sie fragten immer wieder: „Seid ihr dort nicht in Gefahr?" Umgekehrt sahen es unsere palästinensischen Freunde nicht gern, dass wir mit Juden Kontakte hielten. Beiden Seiten fiel es schwer, die unter der Hülle der fremden Religion und Kultur verborgene Schönheit der anderen Menschen zu sehen. Die Reaktionen unserer jüdischen und palästinensischen Freunde unterscheiden sich im Übrigen nicht von Reaktionen, zu denen die meisten von uns angesichts von Menschen anderer Gruppen neigen. Wir beurteilen sie von unseren eigenen Ängsten und Vorurteilen her.

Ich entsinne mich eines Wochenendes in Ottawa (Kanada) in den siebziger Jahren, als ich mithalf, eine Begegnung mit Häftlingen zu organisieren. An der Veranstaltung nahmen ehemalige Häftlinge und Straffällige, Gefängniswärter, Polizisten, Gefängnisseelsorger, Gefängnisdirektoren und Psychologen teil. Wir tagten gemeinsam, aßen gemeinsam, schliefen gemeinsam in Schlafsälen. Niemand trug irgendein Schild oder Erkennungszeichen, das verraten hätte, welcher Gruppe wer angehörte. Wir waren als Menschen zusammen, nicht als Vertreter bestimmter Gruppen. Für mich war es ein Beispiel dafür, wie wir uns auch sonst verhalten, wenn wir über keine „Erkennungszeichen" verfügen, die uns vorschreiben, wie wir gegenüber diesem und jenem jeweils zu empfinden haben. Es war eine kleine Vorahnung

48

dessen, wie eine Gesellschaft aussehen und funktionieren könnte, wenn Menschen in der Lage wären, ihre Vorurteile zu überwinden.

Die Illusion, anderen überlegen sein zu wollen, weckt das Bedürfnis, dies immer wieder unter Beweis zu stellen, und so entstehen all die Mechanismen von Unterdrückung und Verfeindung. In Afrika erzählte mir ein Bischof, in seinem Gebiet gebe es zwar nur wenige Christen, aber er habe trotzdem eine Kirche gebaut, die größer als die örtliche Moschee sei. Damit wolle er sichtbar machen, dass das Christentum eine bessere, mächtigere Religion sei als der Islam. So ziehen wir um unsere eigene Gruppe Mauern und pflegen unsere trennenden Fixierungen auf uns selbst. Durch solche Mauern wachsen all die Vorurteile.

Wie sind wir, das Menschengeschlecht, in diese Lage geraten, dass wir es für ganz natürlich halten, uns nicht nur zu Gruppen zusammenzuschließen, sondern auch Gruppe gegen Gruppe zu setzen, Nachbar gegen Nachbar, nur um uns das nichtige Gefühl der Überlegenheit zu verschaffen?

Eine der elementaren Aufgaben besteht darin, genauer zuzusehen, wie wir diese Mauern, die uns voneinander trennen, abtragen, wie wir uns füreinander öffnen, wie wir Vertrauen und Stätten des Dialogs schaffen können.

Zurück zum Kind

Das Leben verläuft gemäß einem geheimnisvollen Prozess, bei dem wir aus einer Form der Schwäche in eine andere Form der Schwäche hineinwachsen: aus der Schwäche des kleinen Kindes in die Schwäche des alten Menschen. Wir sind unser Leben lang anfällig für Müdigkeit, Krankheit und Unfälle. In jedem von uns steckt Schwäche. Wenn wir sie nicht annehmen, wird sie zum Ort von Chaos und Verwirrung. Nehmen wir sie an, hören wir auf sie, schätzen und lieben wir sie, wird Schwäche zum Ort des Friedens und der Freude.

Manche Menschen geraten angesichts von Schwäche in Wut. Das Weinen eines Kindes geht ihnen auf die Nerven. Schwäche weckt in ihnen Abwehr und Ärger. Weniger augenfällig, aber genauso gefährlich ist es, wenn die Schwäche der einen andere zu Besitz ergreifender Liebe verleitet. Aber Schwäche kann auch unser Herz für Mitempfinden öffnen: Dann regt sich in unserem Herzen Sorge um das Wachsen und Wohlbefinden der Schwachen.

Schwäche als Bestandteil des Lebens zu leugnen bedeutet, den Tod zu leugnen; denn Schwäche kündigt uns die letzte Machtlosigkeit an: jene angesichts des Todes. Wenn man klein, krank, im Sterben und schließlich tot ist, sind dies alles Stadien der Schwäche und Machtlosigkeit; sie alle empfinden wir als lebensfeindlich und verdrängen oder leugnen sie.

Wenn wir unsere Schwäche und die Wirklichkeit des Todes leugnen und stattdessen immer kraftvoll und stark erscheinen wollen, leugnen wir einen Teil unseres Wesens und leben in einer Illusion. Mensch sein heißt akzeptieren, wer wir sind: eine Mischung aus Stärke und Schwäche. Mensch sein heißt andere so annehmen und lieben, wie sie sind, miteinander verbunden zu sein, wobei jeder seine Schwächen und Stärken mitbringt; denn wir brauchen einander. Zum Kern des Dazugehörens gehört es, seine Schwäche zu erkennen, zu akzeptieren und einzubringen. Dies gehört auch zum Zusammensein.

Schwachsein verfügt über eine eigenartige Kraft. Der Hilferuf und das Vertrauen, die der Schwäche entstammen, vermögen Herzen zu öffnen. Der Schwächere kann beim Stärkeren unglaubliche Kräfte der Liebe wecken. Reagieren die Stärkeren mit Liebe, weil sie sich unbewusst mit dem Schwachen identifizieren? Ahnen sie irgendwie, dass eines

Tages auch sie schwach sein und nach Hilfe, Anerkennung und Liebe rufen könnten?

Dazugehören ist eine wunderbare, aber auch ungeheuer mühsame Wirklichkeit. Es gibt in jeder Beziehung lichtvolle und glückliche Zeiten, in denen Menschen das Schönste und Kostbarste ineinander wachrufen. Sie verkosten die Freude, von der Einsamkeit zum Miteinander zu gelangen und gegenseitig ein ständiges Geben und Empfangen erleben zu dürfen. Jeder verspürt eine Art Fülle des Lebens.

Jedoch erlebt man gemeinsam nicht nur lichtvolle und glückliche, sondern auch finstere und bedrückende Zeiten. In jedem von uns gibt es eine Schattenseite, die sich von Zeit zu Zeit in unserem Bewusstsein im Ausdruck von Wut, Frustration oder Depression äußert, und als Verweigerung des Dazugehörens, weil dies als etwas erscheint, das die Freiheit beeinträchtigt. In diesem Fall kann Dazugehören auch schmerzlich sein.

Die Empfängnis und Geburt eines Kindes bedeuten ein neues Erwachen des Herzens; es wird weiter. Eltern erhalten dabei die Berufung, in eine größere Liebe und Offenheit hinein zu wachsen und sich selbst noch mehr hinzugeben. So besteht die schöne Seite des Dazugehörens darin, dass sie das Kostbarste im Herzen des Menschen zu wecken vermag. Auch für das Kind ist Dazugehören etwas Wunderschönes. Es weiß, dass es geliebt ist und seinen Eltern Freude macht. Dem Dazugehören verdankt es alles: seinen Körper, sein Wachsen, seine Nahrung, Sprache und Sicherheit. Mittels dieses Gefühls dazuzugehören beginnt es zu entdecken, wer es ist und werden kann. Dazugehören ist also eine Schule der Liebe, in der wir lernen, uns für andere und die uns umgebende Welt zu öffnen, in der jeder Mensch, jedes Geschöpf und jeder Gegenstand wichtig sind und es verdienen, geachtet zu werden.

Wenn wir im Zustand der Einsamkeit sind, wissen wir nicht, wer wir sind, und folglich finden wir auch nicht zu echtem Menschsein. Wir entdecken es erst, wenn wir wechselseitig aufeinander angewiesen sind, weil wir uns so in vieler Hinsicht unserer Schwäche bewusst werden. Daher ist das Dazugehören eine ganz wesentliche Schulung.

Freude und Schmerz des Dazugehörens

Im Lauf des Lebens habe ich deutlich erkannt, dass sich die Persönlichkeit und die Charakterzüge Erwachsener bereits in frühen Jahren ausprägen. Wenn ein Kind in bestimmten Augenblicken spürt, dass die Liebe seiner Eltern unzulänglich ist, sie alles im Griff haben und besitzen wollen oder zuweilen gewalttätig werden und ihr Kind missbrauchen, deutet es infolge seiner inneren Gefühle von Depression, Wut und Aufbegehren, dass das Dazugehören eine schwierige, ja gefährliche Angelegenheit sein muss.

Diese Augenblicke wirken wie Dolchstiche ins Herz und erfüllen ein Kind mit Verwirrung und Angst. Weil es selber schwach, hilflos und wehrlos ist, kann es nicht verstehen, was da vor sich geht, und kann auch nicht seine Wut äußern. Es muss sie unterdrücken und vergräbt sie in den verborgenen Gründen seines Wesens. Auf diese Weise entwickelt sich in jedem von uns das unbewusste Selbst, der Schatten, die innere Finsternis. Dieser Schatten beherrscht und prägt unsere künftigen Einstellungen zum Dazugehören.

Wenn Kinder Schwachheit und Dazugehören nur als Zustand erfahren, der sie erniedrigt oder manipuliert, statt als Lebensraum, in dem sie die Kraft der Liebe aufrichtet und sie so sein dürfen, wie sie sind, dann existiert für sie die Liebe nicht. Sie bleibt eine Fata Morgana, die schließlich zur Zerstörung ihrer persönlichen Freiheit und ihres innersten Wesens führt. Das ist der Sinn der Worte SARTRES,

Liebe bestehe darin, dass der eine die Freiheit des anderen auffresse. Da sind Zusammensein und Vertrauen kein Zeichen menschlicher Fülle, sondern Zeichen des Mangels an Identität, ja der Schwäche und Unfähigkeit, selbstständig zu leben und Verantwortung für das eigene Leben zu übernehmen. In diesem Kontext ist Leben gleichbedeutend mit Starksein, mit Verteidigen seiner selbst, mit Gnadenlosigkeit im Überlebenskampf im Dschungel des Lebens. Liebe, Verletzbarkeit und Dazugehören gilt es zu meiden.

Die Erfahrung eines solchen Schmerzes leitet Kinder dazu an, besonders wenn sie ins Erwachsenenalter kommen, ihre ureigene Identität zu schmieden und ganz bewusst ihr Getrenntsein von ihren Eltern auszuleben. Allerdings kann sie Kinder umgekehrt auch dazu veranlassen, sich vor allem um Konformität zu bemühen, aus Angst, allein über sich selbst bestimmen zu müssen und ihren Schmerz ans Licht kommen zu lassen.

Alle wunderbaren und auch schmerzlichen Kindheitserfahrungen wirken sich auf die Entwicklung der Kinder und ihrer Beziehungen zu anderen aus und prägen ihre Charakterzüge. Dazugehören macht das aus, was es heißt, Familie zu sein. Es entsteht, wenn Eltern ihre Kinder ermutigen, Initiativen zu ergreifen und in die Freiheit hineinzuwachsen; wenn Kinder erlebt haben, dass man ihnen zugehört und ihnen geholfen hat, selbstständig Entscheidungen zu treffen, andere zu akzeptieren und zu respektieren, für sie offen zu sein. Wenn Kinder ein gesundes Auf und Ab des Lebens mit anderen erlebt haben, dann werden sie fähig sein, in anderen Formen des Dazugehörens zu leben und mit größerer Leichtigkeit weiter zu reifen. Sie werden für andere offener sein, weil sie im Klima des Vertrauens und der Gemeinsamkeit der Herzen aufgewachsen sind.

Zusammensein besteht aus dem Hin und Her der Liebe. Was uns miteinander verbindet, Kinder mit den Eltern, Kranke mit der Krankenschwester, das Kind mit dem Lehrer, den Mann mit der Frau, Freunde untereinander, Menschen mit gemeinsamen Aufgaben, ist Vertrauen, und zwar jenes Vertrauen, das sich aus dem intuitiven Wissen ergibt, bei jemand anderem sicher und füreinander offen und verletzbar sein zu dürfen. Zusammensein ist nichts Statisches, es ist eine sich ständig entwickelnde Wirklichkeit. Vertrauen soll wachsen und sich vertiefen, oder es wird verletzt und schwindet. Vertrauen nährt sich von der Zuversicht, dass der andere mich nicht beherrschen oder zerstören will, sondern sich über meine Gaben freut und mich zum Weiterwachsen und zur Freiheit ermutigt. Ein solches Vertrauen weckt Selbstvertrauen.

Ein schwacher Mensch, der in gesunder Gemeinsamkeit mit einem anderen lebt, wird seine Schwäche nicht als etwas erleben, das verurteilt und als etwas Negatives abgewertet wird, sondern spüren, dass er geschätzt ist und dass er seinen Platz im Leben hat.

So kann das Dazugehören den Menschen öffnen und weiten oder auch einengen und abschnüren. Im Dazugehören entdecken wir alle Elemente, die unsere Identität ausmachen: Familie, Kultur und Sprache, unser Mann- oder Frausein, die rechte Art, mit unserem Körper zu leben, mit anderen in Kommunikation zu treten, zu lieben und andere zu respektieren. Dem Dazugehören liegt die Tatsache zugrunde, dass wir unser Dasein von anderen empfangen haben und uns als Individuen physisch, psychisch, ganzheitlich menschlich entwickeln.

Man kann sich Menschen, die mit Kindern zusammenleben, als Stamm und als dessen nächste Umgebung als Dorf oder Stadt vorstellen. Ein Dazugehören gibt es nicht nur in der Familie und im Stamm; wenn ein Kind zur Schule geht, gehört es auch zum Dorf; dann entdeckt es, dass es in einem weiteren Sinn auch zu den Menschen der gleichen Stadt, Region, Kultur, Religion und Sprache gehört. Manchmal begegnet ein Kind im Dorf oder in der Stadt Menschen, die anders sind: Fremden, Einwanderern, Behinderten, Menschen aus einer anderen sozialen Gruppe oder religiösen Tradition. Es wird von Einstellungen, die es bei den Erwachsenen beobachtet, recht schnell lernen, ob man solche Menschen als Mitmenschen akzeptiert und liebt oder ob man sie ignoriert oder sogar als nicht Dazugehörige von sich weist. So lernen wir, dass die, die anders sind als wir, Fremde und entweder akzeptabel oder gefährlich sind.

Wenn das Kind eine Sprache lernt und die Regeln dafür, wie man sich Erwachsenen, Gleichaltrigen und Gott gegenüber verhält, wenn es sich ferner die Bräuche und Werte zu eigen macht, die ihm von seiner Kultur überliefert sind, wenn es erfährt, wie man mit Schmerz, Katastrophen und dem Tod umgeht, dann wird es unvermeidlich zur Überzeugung kommen, dass alles so, wie man es ihm beigebracht hat, die einzig richtige Art des Daseins und Lebens ist. Lässt man diesbezüglich Zweifel aufkommen, bricht seine gesamte Lebensordnung zusammen. So lernen wir also zu Beginn unseres Lebens, dass es für alles, was man tun muss, eine richtige und eine falsche Sicht der Dinge gibt. Wir hinterfragen es nicht, wir gehorchen oder laufen Gefahr, mit der Unordnung zu liebäugeln. Wenn wir jedoch in die Pubertät kommen und schließlich erwachsen werden, fangen wir an, die in unserer Kindheit erlernten Werte in Frage zu stellen. Aus diesem Grund durchleben Heranwachsende oft eine Glaubens- und Vertrauenskrise.

Der schwierige Platz der Schwächeren

Menschen mit ausgeprägten Schwächen haben große Schwierigkeiten, in unserer Gesellschaft ihren Platz zu finden. Die gängige Vorstellung, der ideale Mensch müsse stark und fähig sein, disqualifiziert die Alten, Kranken und weniger Befähigten. Meiner Ansicht nach muss jede Gesellschaft jedoch schon von ihrer Definition her die Bedürfnisse und Gaben aller ihrer Mitglieder im Auge haben. Wie können wir behaupten, eine offene und menschenfreundliche Gesellschaft zu gestalten, in der die Menschenrechte geachtet und gefördert werden, wenn wir mittels der Werte, die wir lehren und propagieren, systematisch ganze Teile unserer Gesellschaft ausgrenzen?

Ich glaube ferner, dass uns gerade diejenigen, die wir am häufigsten aus dem normalen Leben der Gesellschaft ausschließen, nämlich die Menschen mit Behinderungen, wichtige Lektionen zu erteilen haben. Wenn wir sie einbeziehen, bereichern sie unser Leben spürbar und fügen unserer Lebenswelt sehr viel Wertvolles hinzu.

Unsere Gesellschaft ist ganz auf Wachstum, Entwicklung und Fortschritt ausgerichtet. Für die meisten von uns stellt das Leben einen Wettlauf dar, bei dem es zu gewinnen gilt. In Familien geht es um ständige Verbesserung und Weiterentwicklung: Ab einer bestimmten Stufe werden die Kinder ermutigt, von daheim fortzugehen, zu heiraten, selbst Kinder zu bekommen, aus ihrem Leben etwas zu machen. Aber behinderte Menschen haben diese Zukunft nicht. Wenn sie einen bestimmten Entwicklungsstand erreicht haben, erwartet man von ihnen keinen Fortschritt mehr und ermutigt sie auch nicht mehr dazu. Für Behinderte gibt es keinen ständigen „Fortschritt"; was es bei ihnen an Weiterentwicklung gibt, erscheint häufig als merkwürdig oder sogar sehr schmerzlich beschleunigt. Viele geraten ziemlich schnell vom Kind- zum Erwachsensein, ohne eine Phase der Adoleszenz zu durchlaufen. Andere altern sehr rasch. Unsere Gesellschaft ist nicht darauf eingerichtet, mit Menschen, die schwächer oder langsamer sind, zurechtzukommen. Was aber noch wichtiger ist: Wir sind kaum fähig, die Weisheit derjenigen wahrzunehmen, deren Lebensmuster außerhalb der sozialen Norm liegen.

Zwischen unserer Gesellschaft und den behinderten Menschen besteht keine gemeinsame Wellenlänge. Eine Gesellschaft, die nur die Starken schätzt, die Schlauen und die Gewinner, missachtet logischerweise die Schwachen.

Wer das Herz nur als Ort der Schwäche sieht, wird vor seinem eigenen Herzen Angst haben. Für ihn ist das Herz ein Bereich von Schmerz und Angst, von Chaos und vorübergehenden Gefühlen. Daher wird er auch jene nicht schätzen, die im Wesentlichen von ihrem Herzen her leben und nicht die gleichen intellektuellen und rationalen Fähigkeiten wie andere entwickeln können. Daher werden Menschen mit intellektuellen Behinderungen ausgeschlossen und sind als Partner der so genannten Starken, von Gleich zu Gleich, generell nicht im Blick.

Unsere Vorstellungen hinsichtlich der Gesellschaft und unserer Glaubenssysteme sind Ausdruck unserer eigenen grundlegenden Erfahrungen von Leben, Tod, Freude und Angst. Wenn wir beispielsweise nie befreiende Liebe erfahren haben, wie können wir da von der Liebe als von etwas Wertvollem sprechen? Wenn unser Weg durchs Leben nur von Konflikt und Macht beherrscht war, werden wir uns unter einem idealen Menschen nur jemanden vorstellen, der alle Konflikte überwindet und mit starkem Selbstbewusstsein Macht ausübt. Die Geschichte unserer Welt ist eine Geschichte von Konflikten, eine Aneinanderreihung von Geschehnissen, bei denen eine Gruppe ihre Überlegenheit über die andere unter Beweis gestellt hat.

Unser Bedürfnis nach Dazugehörigkeit ist ganz wesentlich von unserer Schwäche bedingt. Diese Schwäche fürchten wir vielleicht, weil wir verletzt worden sind. So schließen wir uns zu Gruppen zusammen, um gemeinsam stark zu sein. Daran entzünden sich allzu leicht Konflikte, denn jede Gruppe verschafft sich ihre eigenen sicheren Gewissheiten und ihre Ideologie. Von da aus ist der Schritt nicht mehr weit, anderen Gruppen gegenüber gleichgültig zu werden, sie zu verachten oder ihnen mit Misstrauen zu begegnen und demzufolge mit Angst, Ablehnung oder Hass.

In allen Konflikten zwischen einzelnen Gruppen spielen drei Faktoren eine Rolle:

(1) Der erste besteht aus der Gewissheit, die eigene Gruppe sei die moralisch höher stehende, vielleicht sogar die von Gott auserwählte. Folglich sollten alle anderen dem Beispiel der eigenen Gruppe folgen oder sich in deren Dienst stellen. Man will der Welt Frieden bringen, indem man allen anderen sein eigenes Glaubenssystem aufzuzwingen sucht, notfalls mittels Manipulation, Gewalt und Angst.

(2) Der zweite Faktor drückt sich darin aus, dass man sich weigert oder unfähig ist, irgendwelche Irrtümer oder Fehler innerhalb der eigenen Gruppe zu sehen oder einzugestehen. Die ohne Zweifel vertretene Ansicht, selber gut zu sein, verführt zur Auffassung, man sei unfehlbar und könne nichts Falsches an sich haben.

(3) Der dritte Faktor schließlich zeigt sich in der Weigerung zu glauben, irgendeine andere Gruppe verfüge ebenfalls über Wahrheit und habe irgendetwas Wertvolles zu bieten. Im besten Fall wird man die anderen so einschätzen, dass sie ignorant, unerleuchtet und nur im Besitz von Halbwahrheiten seien. Im schlimmsten Fall wird man ihnen unterstellen, sie seien destruktiv, gefährlich und von bösen Geistern besessen, weshalb sie zum Wohl der Menschheit unbedingt bekämpft werden müssten. Folglich teilt man die Gesellschaft und die Kulturen in „Gute" und „Böse" ein. Dabei nehmen die Guten für sich die Sendung in Anspruch, als Erlöser und Heiler aufzutreten, die einer verderbten Welt den Frieden zu bringen haben, und zwar einen Frieden nach ihren eigenen Vorstellungen und unter ihrer Aufsicht.

Von diesen drei Faktoren wurde die Geschichte aller Zivilisationen beherrscht, die sich im Lauf der Zeiten mittels Invasion und Kolonisation über die Erde ausgebreitet

haben. Dabei galt: Unterschiede sind auszumerzen. „Wilde"
müssen zivilisiert werden. Mit allen nur erdenklichen Mitteln ist zu beweisen, dass unsere Kultur, unsere Macht, unser Wissen und unsere Technologie die besten und dass
unsere Götter die einzig wahren Götter sind.

Das gilt nicht nur für die Geschichte der Zivilisationen,
sondern auch für alle Religionskriege, alle Inquisitionsver-
fahren, Zensuren und Diktaturen. Kurz: Bei all diesen Phä-
nomenen handelt es sich um Ideologien. Eine Ideologie ist
ein bestimmtes Gedankensystem, das in ein Wertesystem
übersetzt wird. Weil man die betreffenden Gedanken und
Werte für absolut wahr hält, fühlt man sich bewogen, sie
anderen aufzuzwingen, falls diese sie nicht freiwillig übernehmen. Man kann aus jedem politischen System, aus jeder
Schule der Psychologie und jeder Wirtschaftsphilosophie
allzu leicht eine Ideologie machen. Selbst ein Arbeitsplatz
kann zur Ideologie werden. Religiöse Untergruppen, so genannte Sekten, beruhen auf ideologischen Grundsätzen.
Auch die Großreligionen selbst können zu Ideologien werden. Ideologen aber sind von Natur aus nicht für neue Ideen
und nicht einmal für den Dialog offen. Sie weigern sich, die
Wahrheit eines anderen anzunehmen oder auch nur anzuhören. Sie sperren sich gegen das Eingeständnis auch nur
der Möglichkeit, ihr System könnte Fehler enthalten und sei
kritikwürdig. Sie sind im Gebäude ihrer Gedanken, Theorien, Werte und Denkstrukturen fest abgeschottet.

Menschen haben die Neigung, Illusionen nachzulaufen,
ihr Bild von sich selbst mit Macht zu verteidigen und das
alles mit der Vorstellung zu rechtfertigen, sie seien die besonderen Lieblinge Gottes. Dies gilt durchaus nicht nur für
die Vergangenheit, sondern genauso für unsere Gegen-
wartsgeschichte. Unsere Welt ist voller Zeugnisse dafür,
dass dieses Bedürfnis immer noch stark ist, dass eine
Gruppe, die sich für die einzig richtige hält, der anderen,
die sie für falsch hält, ihre Ansichten aufzwingen möchte.

Man denke nur an den Bürgerkrieg in Algerien, den Völkermord in Ruanda, die Konflikte im früheren Jugoslawien, an die Spannungen zwischen Israelis und Palästinensern sowie an die Art und Weise, wie Menschen wegen ihrer Glaubensüberzeugungen auf die schändlichste Weise misshandelt und wie Schwache und Behinderte aus der Gleichung des Lebens herausgehalten werden.

Menschen fällt es ungeheuer schwer, nicht allein den grundsätzlichen Wert ihrer je eigenen Kultur und Lebensart anzuerkennen, sondern darüber hinaus auch den Wert anderer Kulturen und Lebensweisen zu schätzen. Um das fertigzubringen, ist es notwendig, die eigenen Gewissheiten und die eigene Identität nicht länger zu verabsolutieren. Man muss sein Bewusstsein ändern und seine Schutzmauern ein Stück weit abbauen. Die Entdeckung, dass wir alle wirklich Menschen von ein und derselben Art sind, erscheint allzu vielen gefährlich. Das würde nicht nur bedeuten, ein Stück von seiner Macht und seinen Privilegien aufzugeben und vom Bild seiner selbst etwas abzurücken, sondern auch die Schattenseite seiner selbst ins Auge zu fassen, die eigene Gebrochenheit, ja sogar das Böse im eigenen Herzen und der eigenen Kultur. Das alles würde bedeuten, sich auf eine gewisse Unsicherheit einzulassen.

Wenn das Dazugehören verloren geht

Ich glaube, eine wesentliche Ursache unserer Unsicherheit ist eine grundsätzliche Zwiespältigkeit des Menschen: Wir fühlen uns ständig hin- und hergerissen zwischen dem Bedürfnis dazuzugehören und dem Bedürfnis, ein freier, sich zu eigener Fülle entfaltender Mensch zu sein. Findet der Wunsch nach Dazugehörigkeit vollständige Erfüllung, so ist damit eine gewisse Auslieferung an die entsprechende

jede Woche Neues
zum religiösen Leben

informativ

Sie informieren sich jede Woche über die wichtigen Themen
und Ereignisse in Kirche, Religion, Kultur und Gesellschaft.

spirituell

Viele Anregungen bereichern Ihr persönliches Glaubensleben:
vertiefende Beiträge, kurze Meditationen, Texte, die zum
Nachdenken einladen.

unabhängig

„Christ in der Gegenwart" ist eine unabhängige Zeitschrift
in der Kirche. Katholisch in ökumenischer Offenheit.

- **Ja,** senden Sie mir bitte kostenlos die nächsten vier Ausgaben von „Christ in der Gegenwart".

- Nur wenn ich danach „Christ in der Gegenwart" nicht regelmäßig lesen möchte, werde ich Ihnen dies innerhalb von einer Woche nach Erhalt der dritten Ausgabe mitteilen.

- Sollte ich mich entscheiden, „Christ in der Gegenwart" regelmäßig zu lesen, so muss ich nichts weiter tun.

- „Christ in der Gegenwart" erscheint wöchentlich und kostet halbjährlich 58,50 DM (Studierende 39,– DM) zuzüglich Versandkosten.

Vor- und Zuname	
Straße	PLZ/Ort
Datum	*Unterschrift*

Vertrauensgarantie: Ich kann diese Vereinbarung bis zum Ablauf einer Woche nach Erhalt der dritten Ausgabe beim Verlag Herder, D-79080 Freiburg, schriftlich widerrufen. Zur Wahrung der Frist genügt die rechtzeitige Absendung. Davon habe ich Kenntnis genommen.

Datum	*Unterschrift*

0 1 CG075

Antwort

Verlag Herder
Herrn Clemens Klein

D-79080 Freiburg

Gruppe verbunden, an die Gemeinschaft und die Kultur, welche ein Gefüge anerkannter Wahrheiten zur Verfügung stellt. Doch wenn man seine Suche nach menschlicher Erfüllung und innerer Freiheit weiter vorantreibt, stößt man auf die Aufgabe, auch die Sicherheiten und Überzeugungen einer Gruppe kritisch zu prüfen, ja sie in Frage zu stellen und sich damit dem Risiko auszusetzen, gegen den Strom zu schwimmen.

Wenn wir als Individuen handeln und es zulassen, dass unser tiefstes Selbst erwacht, tritt das, was ich als das Prinzip der Unsicherheit bezeichne, am deutlichsten zutage: Wir entscheiden uns dann dafür, mit einem gewissen Maß an Unsicherheit zu leben und bislang für wahr Gehaltenes in Frage zu stellen. Doch glaube ich, dass das Unsichersein in dieser Art auch für eine Gruppe oder Gemeinschaft eine wichtige Bereicherung darstellen kann: Damit kann alles, was der Gruppe lieb und teuer ist, genau ins Auge gefasst, überdacht, hinterfragt und vertieft werden, so dass man das eigentlich Wahre daran viel deutlicher zu erkennen vermag. Darauf soll jetzt etwas ausführlicher eingegangen werden.

In vielen Ländern der Erde spielen Familie, Dorf und Stamm immer noch eine starke Rolle; die Menschen fühlen sich darin eng miteinander verbunden. Dies schenkt ihnen Sicherheit, und sie wissen, was sie zu tun haben und was sie glauben sollen. Die Älteren und Anführer verfügen über echte Macht und Autorität. Wenn jemand krank wird, wird er versorgt. Doch hat eine derartige enge Verbundenheit auch ihre Nachteile. Die Mitglieder der Gemeinschaft opfern ihr individuelles Bewusstsein und ihre persönliche Freiheit auf dem Altar der Sicherheit und Einheit, also auf dem Altar der Verbundenheit. Für manche kann diese Unterwerfung sehr schmerzlich sein, vor allem für Jüngere und Ehrgeizige, die nicht in alten Traditionen versklavt und in jener kollektiven Armut befangen bleiben wollen, in der viele dieser Gemeinschaften leben. In uns Menschen gibt es den Drang, uns von dem zu befreien, was wir als erdrückendes Dazugehören empfinden. Wir möchten Freiheit gewinnen, diese jedoch im Rahmen einer gewissen Struktur finden.

Die grundlegende soziale Einheit bildet die Familie. Doch wohin wir sehen, bricht dieses wesentliche Gehäuse des Dazugehörens derzeit mehr oder weniger auseinander. Als Beispiel sei Frankreich genannt, das Land, in dem ich lebe. In Paris endet jede zweite Ehe in der Scheidung, im übrigen Frankreich jede dritte. Statistiken zeigen, dass sich die Menschen vor Bindungen scheuen.

Warum geschieht das? Ich glaube, weil in unseren abendländischen Gesellschaften die Macht, die Rechte und die Bedürfnisse des Individuums viel höher als diejenigen der Gruppe gewertet werden. Wir haben Gesellschaften entwickelt, die auf dem Prinzip des Wettbewerbs basieren; jeder muss sich alle Mühe geben, nicht unter die Räder zu kommen. Nun kann das in einem bestimmten Kontext durchaus gesund sein, zumal eine geschlossene Gruppe Gefahr läuft, das persönliche Gewissen des Einzelnen und seine Freiheit zu ersticken und die Entfaltung seiner eigenen Gaben und Fähigkeiten zu hemmen. Wettbewerb weckt unsere Fähigkeiten; konzentriert man sich jedoch einseitig auf die Werte und Rechte des Einzelnen, kann das auch in schreckliche Einsamkeit führen.

Diese Art Einsamkeit kann manche Menschen, vor allem solche, die sich für das Leben in einer Wettbewerbsgesellschaft schlecht ausgerüstet fühlen oder noch nie einer intakten Familie angehört haben, in Abgründe der Verzweiflung stürzen, in denen sie alles Gefühl für ihren Selbstwert und für einen Sinn des Lebens verlieren. Eine solche Art abgrundtiefer Unsicherheit ist eine Unsicherheit im negativsten Sinn.

Aber diese Einsamkeit kann uns auch dazu führen, dass wir nach neuen Möglichkeiten des Dazugehörens suchen, um Orte zu entdecken, wo uns geholfen wird, einen Sinn für unser Leben zu finden. Das können neue Orte sein, wo es vielleicht gelingt, ein Ideal zu verwirklichen und echte Verbundenheit mit anderen zu erfahren. Ganz ähnlich kann uns diese Einsamkeit auch dazu anspornen, nach neuen Möglichkeiten zu suchen, mehr Frieden und Gerechtigkeit in unsere Gesellschaft zu bringen und mit denen und für die zu kämpfen, die unter die Räder gekommen sind, damit auch sie einen angemessenen Platz in der Gesellschaft finden. Das ist eine Einsamkeit, die manche dazu anregt, nach neuen Möglichkeiten zu suchen, jenen, die zerbrochen sind, und denen, die vor Schmerzen weinen, Heilung zu bringen; andere inspiriert sie vielleicht dazu, nach der Wahrheit und einer neuen Beziehung zu Gott zu suchen.

Eine Gesellschaft, die sich auf das darwinsche Prinzip des „Überlebens der Fähigsten" gründet, in der wir alle nur für unser eigenes Überleben kämpfen, hat ernsthafte Nachteile. Sie fördert eine Haltung aggressiver Stärke und das Bedürfnis, auf jeden Fall zu den Gewinnern zu gehören. Das kann die Entwicklung der Qualitäten des Herzens lähmen, eine gesunde mitmenschliche Kooperation verhindern und einen Geist der Rivalität und Feindschaft schüren. Außerdem besteht dabei die Neigung, die Schwachen an den Rand zu drängen und auch jene, die eine individualistische Einstellung ablehnen und auf der Grundlage von Wahrheit und Gerechtigkeit für alle in der Gesellschaft leben wollen. In einer Gesellschaft, die eine Wirtschaftsethik des Gewinns und der Macht favorisiert, ist es wichtig, bewundert zu werden. In einer solchen Gesellschaft kann eine Ethik der Gerechtigkeit und Solidarität, der Kooperation und des Gemeinwohls rasch von der Bildfläche verschwinden. Dann zählt nur noch der Erfolg des Einzelnen.

Wie können die westlichen Gesellschaften die Entwicklung der persönlichen Gewissensentscheidung, der Freiheit und Kreativität fördern und zugleich dazu beitragen, nicht in egozentrische Haltungen und Motivationen zu verfallen? Wie können wir die Entwicklung dahin lenken, dass der Einzelne sich für Gerechtigkeit einsetzt, die allen zugute kommt, für ein Ringen um Frieden und die Unterstützung anderer, damit auch sie ihre Gaben entfalten und ihren Platz in der Gesellschaft finden?

Die Gefahr, dass das Dazugehören exklusiv wird

Meiner Überzeugung nach liegt die Antwort darin, dass wir wahrscheinlich die Stellung des Einzelnen in der Gruppe und die Stellung der Gruppe gegenüber anderen Gruppen neu definieren müssen. Es gilt, unbedingt zu erkennen, dass sich Probleme und Konflikte einstellen, wenn man den jeweils Einzelnen in die Mitte der Interessen stellt. Dann beherrscht eine bestimmte Art Selbstsucht das Feld, die nicht dazu angetan ist, den Bedürfnissen des größeren Ganzen gerecht zu werden.

Wir brauchen ferner auch eine Lösung für das mit dem Phänomen Gruppe als solchem verbundene Problem, dass Gruppen in der Regel nach außen hin Wettbewerbs- und Rivalitätsreaktionen hervorrufen. Nur allzu leicht verfällt man der Versuchung, die eigene Gruppe samt allen ihren Gewissheiten zu idealisieren. Obendrein neigen Menschen dazu, ihre ganz persönliche Verantwortung auf das Kollektiv abzuwälzen.

Aber es gibt meiner Erfahrung nach hier und jetzt Schlüssel dafür, wie wir den Begriff der Gruppe neu definieren könnten, so dass er die Entwicklung der persönlichen Gewissensentscheidung und der inneren Freiheit auf fruchtbare Weise zulässt. Damit entstünde die Möglichkeit, in größerer Fülle Mensch und sozial lebendiger zu werden: Es ginge um den gesunden Einzelnen innerhalb der gesunden Gruppe.

Die Geschichte der Zivilisation zeigt, dass sich Männer und Frauen, die sich einem religiösen, kulturellen oder sozialen Ideal widmen wollen, zusammenschließen, um ihre Vision gemeinsam zu verwirklichen. Sie schaffen Strukturen, die sie für das, was sie gestalten wollen, brauchen, und sie unterstützen sich gegenseitig und sorgen füreinander. Solche Basisgruppen entstanden im Allgemeinen innerhalb der großen Weltreligionen, wo sich immer wieder Menschen mit einer gemeinsamen Zielsetzung zusammenschließen. Genau das versuchen wir auch in der „Arche", wenn wir kleine, familienähnliche Gemeinschaften aufbauen. In unseren westlichen Kulturen gab es vor allem in den sechziger und siebziger Jahren des 20. Jahrhunderts viele, die in dieser Richtung suchten.

Ich will jetzt einfach einige Beispiele dafür nennen, was ich mir unter gesunden Gruppen vorstelle, die in einem bewusst gewählten Geist des Risikos und Abenteuers, des Wagemuts und Offenseins leben. Sie leben in dem, was ich als einen Geist des Ungesichertseins bezeichnen möchte, weil sie sich gemeinsam in eine unbekannte Zukunft wagen, und zwar in einer offenen Haltung ehrlichen Fragens.

(1) In Frankreich besuche ich regelmäßig einen geschlossenen Konvent, in dem dreiundzwanzig Frauen leben, junge und alte. Sie haben sich zusammengeschlossen, um Gott zu suchen, ihm ihr Leben zu schenken und für alle Leidenden in der Welt zu beten. Sie leben äußerst arm und arbeiten hart. Ihre Lebensregel ist ziemlich streng, aber sie wirken sehr glücklich. Sie lachen und singen unbeschwert miteinander. Ich finde, sie sind in ihrem Herzen und ihrem Geist sehr frei und offen, obwohl, wie gesagt, ihr Konvent nach außen hin strikt abgeschlossen ist. In ihrem gemeinsamen Leben haben sie einerseits Sicherheit gefunden, aber jede

Frau lebt hier andererseits in persönlicher Ungesichertheit. Es fällt keineswegs leicht, an jedem Tag neu Gott zu suchen, im Gemeinschaftsleben immer treu zu sein und andere so anzunehmen, wie sie sind, also endlos zu verzeihen und sich nicht hinter inneren Mauern zu verbergen.

(2) Vor einigen Jahren wurde ich zum Besuch einer Gruppe von „Jesus People" eingeladen, die im heruntergekommenen Bezirk einer amerikanischen Großstadt leben. Bei meiner Ankunft in dem großen früheren Hotel, in dem alle Mitglieder wohnen, erfuhr ich, dass dort eine Gruppe von rund zweihundert Männern und Frauen lebt. Sie sind ärmlich gekleidet, manche von ihnen sehen mit ihren gefärbten Haaren wie „Punks" aus. Ich verbrachte einige Zeit bei ihnen und entdeckte, dass sie täglich an ungefähr dreihundert Menschen, die völlig aus allen Rastern gefallen waren, kostenlos Essen ausgaben. Außerdem hörte ich, dass viele Mitglieder schon ziemlich viel durchgemacht hatten; manche waren drogenabhängig gewesen, andere hatten im Gefängnis gesessen. Ich fragte einen der Leiter, welches Verhältnis sie zu den Großkirchen der Stadt hätten. Er erzählte mir, im Grunde würden sie von keiner akzeptiert. Ich fand diese Gruppe, die manche als Sekte bezeichnen würden, sehr bewundernswert. Ich war von ihrer Offenheit überrascht. Außerdem berührte es mich tief zu sehen, wie sie vielen Männern und Frauen halfen, wieder mehr Mensch sein zu können.

Diese Kommunität lebt als Gruppe mit gemeinsamen Idealen und Zielen, aber sie lässt sich bereitwillig auf die Unsicherheit ihrer eigenen Stellung ein und nimmt sich engagiert der Unsicherheit ganz und gar hilfloser Menschen an, denen sie dient. Sie ist ständig dabei, sich selbst umzumodeln, an sich weiterzuarbeiten. Wahrscheinlich werden ihre dauernde Veränderungsbereitschaft und Offenheit durch die Ablehnung, die sie erfahren, noch verstärkt.

In gewisser Hinsicht sind diese beiden beschriebenen

Gruppen, der Schwesternkonvent in Frankreich und die „Jesus People" in den USA, geschlossene Gruppen. Trotz ihres großen Unterschieds – die eine Gruppe widmet sich ganz dem Leben der Kontemplation, die andere ganz dem sozialen Dienst – sind sie beide in sich geschlossen genug, um ihren Mitgliedern genügend Sicherheit zu bieten, damit sie gemeinsam in Ungesichertheit leben und an Liebe, Offenheit und Mitempfinden mit anderen zunehmen können.

Allerdings neigen Gemeinschaften, die als gesunde Stätten des Dazugehörens beginnen, auch dazu, allzu sehr in sich geschlossen, reich und elitär zu werden. Woher rührt eigentlich dieser Hunger nach Selbstgenügsamkeit, den Gruppen so bereitwillig entwickeln? Ihre Mitglieder finden zusammen, um sich auch gegenseitig ihren Wert zu bestätigen. So können Kommunitäten zu einer Art von Clubs werden, in denen man sich gewissermaßen gegenseitig beglückwünscht und schmeichelt; sie werden so zu Statussymbolen der Mittelmäßigkeit. Statt sich für andere offen zu halten, verkapseln sich solche Gruppen in sich selbst. Dies führt zum Tod ihres ursprünglichen Geistes.

Manchmal kann Abgeschlossenheit jedoch auch notwendig sein, vor allem in Anfangszeiten. Manche „Arche"-Kommunitäten zum Beispiel lebten in ihrem Anfangsstadium geschlossen, weil sie Menschen mit Behinderungen aufgenommen hatten, deren Leben bis dahin völlig unstrukturiert und fragmentarisch war. Diese Menschen waren so voller Angst, Finsternis und Verwirrung, dass es unmöglich schien, mit ihnen in einen Dialog zu kommen. Zunächst einmal war es für sie unbedingt notwendig, mit Festigkeit gesagt zu bekommen, was sie zu tun hatten; gelegentlich brauchten sie sogar Sanktionen. Sie wussten gar nicht, was Respekt oder Vertrauen ist; wie hätte man da von ihnen erwarten können, Respekt und Vertrauen sich selbst und anderen gegenüber aufzubringen?

Solche geschlossenen Gruppen gibt es nicht nur in religiösen oder therapeutischen Kreisen, sondern auch in der Welt der Politik, beim Militär, in multinationalen Konzernen, Krankenhäusern oder Schulen, also überall da, wo Menschen unter bestimmten Zielvorhaben zusammen arbeiten. In vielen Organisationen wird von den Einzelnen verlangt, dass sie sich vorbehaltlos der Gruppendisziplin unterwerfen, d. h., für ihr Verhalten gibt es ganz genaue Vorschriften. Jede Gruppierung von Menschen mit einem definierten Ziel hat eine Reihe ausdrücklicher Grundsätze, dazu eine Vision, in gewisser Weise einen Sendungsauftrag und gelegentlich auch eine regelrechte Ideologie. In solchen Systemen werden die Einzelnen angehalten, nicht zu viel selbst zu denken. Es werden eher konsequenter Gehorsam sowie Zusammenhalt und Funktionstüchtigkeit erwartet. Diese Systeme sind darauf angelegt, Macht bzw. Effizienz zu erlangen, diese gezielt einzusetzen, zu erhalten und auszubauen, um den gemeinsamen Auftrag zu erfüllen, der philanthropischer oder auch kommerzieller Natur sein kann. Solche Gruppen, die zu einer Art von Grundbausteinen unserer Gesellschaft geworden sind, betonen mehr das Dazugehören, den festen Zusammenhalt und die stabile Einheit der Gruppe als das Reifen ihrer einzelnen Mitglieder zu innerer Freiheit und zum Dienst an anderen. Wer die Gruppe verlässt, gilt als Abtrünniger, wer die Autorität in Frage stellt, als Rebell.

Das extremste Beispiel für geschlossene Gruppen sind wahrscheinlich jene Gemeinschaften, die wir als Sekten bezeichnen. Sekten wirken zunächst und vor allem auf einsame und unsichere Menschen sehr anziehend; aber wenn sie dann erst einmal ihre persönliche Freiheit und ihr Gewissen an die Gruppe abgetreten haben, leiden solche Menschen unter der schrecklichen Angst, die Gruppe wieder verlassen zu müssen. Sie könnten außerhalb der Gruppe in noch größere Einsamkeit, Unsicherheit und Angst fallen.

Auf die Sekten komme ich deshalb zu sprechen, weil viele von uns zwar die extremeren und Aufsehen erregenden Äußerungen und Aktionen von Sekten für schlimm halten, aber womöglich blind sind für die unscheinbaren Sekten, die es überall in unserer Gesellschaft gibt. So können zum Beispiel unsere Arbeitsplätze zu einer Art Sekte werden, weil wir dort unser persönliches Gewissen opfern müssen, um unseren Job, unser gutes Gehalt und ein gewisses Maß an Sicherheit zu behalten. Wir sollten grundsätzlich in jeder Situation, in der von uns blinder Gehorsam verlangt wird, sehr auf der Hut sein. Ein starres Beharren auf ideologischer Konformität innerhalb einer Gruppe ist selten notwendig; ich halte es eher für das Anzeichen einer ungesunden Gruppe. Im Übrigen ist der Preis, den wir als Gesellschaft bezahlen, wenn wir individuelles Wachstum unterdrücken und die Kreativität des Einzelnen madig machen, viel zu hoch.

Dazugehören als Ermutigung zu Reife und Freiheit

Ein Individualismus, der sich darin äußert, dass man alles allein macht und nur auf seine eigenen Interessen und sein eigenes Ansehen, die Entfaltung seiner eigenen Autonomie, Kompetenz und Macht bedacht ist, ist das genaue Gegenteil von Dazugehören. Ein solcher Individualismus kann aus der Reaktion gegen ein allzu einengendes Dazugehören stammen, bei dem man sich einer zu starren Gruppe anpassen musste; hier entspringt er dem gesunden Wunsch, mehr man selbst zu werden, seine eigenen Fähigkeiten zu entwickeln und nach seinem persönlichen Gewissen zu leben. Er kann jedoch auch vom Bedürfnis herrühren, sich von aller Außenbestimmung und allen Gesetzen zu lösen, um mehr Macht und Reichtum zu erlangen. Man vergisst dabei allzu leicht, dass das Gefühl des Dazugehörens ein notwendiges Bindeglied zwischen Individuum und Gesellschaft bildet. Es ist in erster Linie dazu da, uns beim Wachsen zu Reife und Freiheit zu begleiten.

Dazugehören ist für den Einzelnen der Angelpunkt zwischen seinem Selbst- und seinem Gemeinschaftsbewusstsein. Es ist der Fels, auf dem wir stehen; er gibt uns sicheren Boden unter die Füße, lässt uns wissen, wer wir sind, und kann uns zum inneren Weiterwachsen befähigen, wenn wir Sichtweisen und Möglichkeiten entdecken, die in anderen Gruppen und Kulturen entwickelt wurden.

Die Gesellschaft bietet den Rahmen, innerhalb dessen wir lernen, unsere Fähigkeiten zu entwickeln und kompetent zu werden; darin arbeiten wir und bekommen unser Gehalt, um in finanzieller Unabhängigkeit leben zu können. Die Gesellschaft ist der Raum, in dem jeder seine Sendung erfüllen, sich für Gerechtigkeit einsetzen, um Frieden ringen und anderen dienen kann.

Andererseits bietet uns das Dazugehören die Möglichkeit, eine gewisse emotionale Sicherheit zu finden. Hier lernen wir eine Menge über uns selbst, über unsere Ängste und Blockierungen, unsere Gewaltbereitschaft und auch über unsere Fähigkeit, Leben weiterzugeben. Hier lernen wir, andere zu schätzen, mit ihnen zu leben, mit ihnen zu teilen und zusammenzuarbeiten sowie die Stärken und Schwächen der anderen zu erkennen und mit ihnen fair umzugehen.

Im Klima gesunden Dazugehörens respektiert man sich gegenseitig, kooperiert auf wechselseitig sinnvolle Weise, hört einander zu, lernt, wie man Konflikte löst, die sich ergeben, wenn der eine den anderen zu beherrschen versucht. Dort, wo echtes Dazugehören gelebt wird, genießen jene, die über weniger Allgemeinwissen verfügen und daher offensichtlich machtlos sind, aber stattdessen andere Fähigkeiten haben, Achtung und Gehör. In einer solchen Gruppe wird die Macht nicht von oben her auferlegt, sondern all ihre Mitglieder wirken wie die Glieder eines Leibes zusammen. Wichtig ist dabei, dass man sich gegenseitig als Menschen und nicht bloß als Rädchen einer Maschine sieht. Man ist füreinander offen und arbeitet Hand in Hand, so dass alle an Entscheidungen beteiligt sind.

Diese Art von Kooperation ist freilich nicht so leicht. Es braucht seine Zeit, bis man zur Herzensreife heranwächst. Das Dazugehören kann die besten Seiten unserer Fähigkeit wecken, andere zu lieben und zu akzeptieren; aber es kann auch zu Wut, Eifersucht, Gewalttätigkeit und zur Verweigerung verleiten. Darum mag es für diesen Reifeprozess gelegentlich notwendig sein, dass eine klare Autorität Regie führt.

Wenn wir mit anderen zusammen leben und arbeiten, lernen wir dank kluger Anleitung vor allem, den Panzer der Selbstsucht und Fixierung auf nur eigene Interessen zu durchbrechen, nicht mehr nur selber glänzen und sich als großartig, kompetent und fähig beweisen zu wollen. Das Leben teilt wahrlich seine Schläge an uns aus, aber auch wir teilen Schläge aus. Es ist, wie wenn Diamanten sich aneinander reiben und so mehr und mehr poliert werden und glänzen.

Wir alle sind auf dem Weg zu entdecken, dass es andere gibt, die genau wie wir sind, die ebenfalls Begabungen und Bedürfnisse haben; keiner von uns ist der Nabel der Welt. Wir sind ein winziger, wenn auch wichtiger Teil des Universums. Jeder von uns hat darin seinen Part zu spielen. Und dazu brauchen wir einander.

Wenn und weil wir zu anderen gehören, betrachten wir sie im besten Fall als unsere Brüder und Schwestern im Menschsein und lernen nicht nur, sie so zu akzeptieren, wie sie sind mit ihren unterschiedlichen Gaben und Fähigkeiten, sondern wir entdecken auch in jedem Einzelnen einen

Menschen mit verwundbarem Herzen, gleich uns selbst. Wir lernen, denen zu verzeihen, die uns verletzen oder ablehnen. Wir bitten diejenigen um Verzeihung, die wir verletzt haben. Wir lernen, in Demut auch jene zu akzeptieren, die uns auf unsere Irrtümer und Fehler hinweisen und uns in besonderer Weise zum Wachstum in der Wahrheit und Liebe herausfordern. Wir unterstützen und ermutigen einander auf dem Weg zu innerer Freiheit. Wir lernen, wie man denen näher kommt, die schwächer und verletzlicher, vielleicht krank sind oder gerade eine Krise oder eine Trauerphase durchleben. In dem Maß, wie wir unsere eigenen Grenzen und Schwächen annehmen, entdecken wir, dass wir dazu auch die anderen brauchen. Wir lernen, sie zu schätzen und ihnen dankbar zu sein.

Im Raum des Dazugehörens werden wir also reifere Menschen und entdecken, was es heißt, Mensch zu sein und anderen Menschen auf menschliche Weise zu begegnen.

Das Dazugehören bietet den Ausgangsort, den wir brauchen, um in der größeren Gesellschaft aus dem Geist der Gerechtigkeit und Wahrheit zu leben, uns in ihr und für sie einzusetzen, ohne nur nach Eigenruhm, persönlichen Privilegien und Ehren zu trachten. Hier lernen wir in der Zusammenarbeit mit anderen, bescheiden zu sein, und entwickeln zugleich die Kühnheit und den Mut zur Initiative. Hier kommt unser tiefstes Selbst zum Bewusst-Sein, und so werden wir ausdrücklicher wir selbst und in größerer Fülle Mensch.

Das jüdische Volk kennt ein besonders tiefes Gefühl des Dazugehörens. Als der Prophet JESAJA sein Volk zum Tempel gehen, fasten und Opfer darbringen sah, ohne dass es sein Herz für die Notleidenden öffnete, rief er:

„Das ist ein Fasten, wie ich es liebe:
die Fesseln des Unrechts zu lösen,
die Stricke des Jochs zu entfernen,
die Versklavten freizulassen,
jedes Joch zu zerbrechen,
an die Hungrigen dein Brot auszuteilen,
die obdachlosen Armen ins Haus aufzunehmen,
wenn du einen Nackten siehst, ihn zu bekleiden ..."

Jesaja 58,6 f

Offenheit für Schwache und Bedürftige in unseren eigenen Gruppen hilft uns, unsere Herzen auch für die vielen schwachen und bedürftigen Menschen in der größeren Gruppe der Menschheit insgesamt zu öffnen. Dies ist das erste Gütezeichen einer gesunden Gruppe. Ein gesunder Zusammenhalt bewirkt eine stärkere Liebe zu anderen außerhalb der Gruppe.

Das zweite Gütezeichen eines gesunden Dazugehörens besteht in der Weise, wie eine Gruppe in Bescheidenheit und Achtsamkeit ihre Sendung des Dienstes an anderen lebt. Sie benutzt oder manipuliert nicht andere für die eigene glorreiche Selbstdarstellung. Sie drängt anderen nicht ihre eigenen Anschauungen auf, sondern zieht es vor, aufmerksam auf das zu hören, was sie sagen und wie sie leben, um bei ihnen möglichst viel Positives zu entdecken. Sie hilft anderen, ihre Entscheidungen zu treffen, und ermutigt sie zur Selbstständigkeit. Wenn eine Gemeinschaft sich in sich abgekapselt und den echten Dialog meidet, der jeden ernst nimmt und schätzt, ist dies ein deutliches Zeichen dafür, dass sie im Grunde eher tot als lebendig ist.

Wenn wir darauf achten, die Gaben anderer zu sehen, kommen wir hinter den Mauern unserer Selbstgewissheiten hervor, in die wir uns vielleicht eingesperrt hatten. Dies ist das dritte Gütezeichen einer gesunden Gruppe. Es ist noch gar nicht so lange her, dass sich die verschiedenen christlichen Kirchen gegenseitig bekämpften. Ihre Theologien waren darum bemüht zu beweisen, dass nur *eine* Kirche, ihre eigene, die Wahrheit vertrete, die anderen aber falschen Lehren anhingen. Heute ist es eher so, dass wir nicht mehr auf das starren, was uns von anderen trennt, sei es als Kirchen oder sei es als Kulturen, sondern auf das achten, was uns mit den anderen verbindet. Wir beginnen, die je eigenen Gaben des jeweils anderen zu sehen und schätzen zu lernen, weil uns aufgeht, dass es für jeden von uns vor allem darauf ankommt, mehr und mehr in der Liebe und Hingabe zu wachsen.

Das vierte Gütezeichen einer gesunden Gruppe besteht darin, dass sie sich weiterzuentwickeln versucht und die Irrtümer ihrer eigenen Vergangenheit klar erkennt, ihre eigenen Schwachpunkte eingesteht und die Hilfe Erfahrener auch außerhalb der Gruppe sucht, um wahrhaftiger zu werden und glaubwürdiger aus der Liebe zu leben, Unterschiede anerkennen und achten zu lernen, bereiter zu sein zum Zuhören und sensibler für die Art, wie Autorität ausgeübt wird. Eine Gruppe, die sich weigert, ihre eigenen Irrtümer in Augenschein zu nehmen und zuzugeben oder den klugen Rat anderer zu suchen, läuft Gefahr, sich selbst hinter den Mauern des „Besserwissens" abzuschotten und daher abgelehnt zu werden.

Bei Gruppen, die sich auf diese vier Gütezeichen hin entwickeln, handelt es sich meiner Überzeugung nach um wirklich gesunde Gruppen. Sie helfen ihren Mitgliedern, den in uns allen bohrenden und trennenden Egoismus zu überwinden und sich in die Richtung größerer Reife und innerer Freiheit zu bewegen. Reife und Freiheit machen unser aller gemeinsames Menschsein offenbar und ermöglichen uns, wirklich wir selbst und zugleich ineinander verwoben zu sein, indem wir einander Leben schenken und es wechselseitig voneinander empfangen. Teilen wir denn nicht alle die gleiche Erde und den gleichen Himmel? Und gehören sie allen anderen nicht genauso wie uns? Wir alle gehören einander, wir alle sind füreinander bestimmt. Auch Gott ist für jeden von uns da, wie wir alle für Gott da sind. Wir alle sind zum Weiterwachsen berufen, damit jeder, ohne Ausnahme, voll und ganz er selbst und in Fülle lebendig werde. Dazu sollen wir von anderen Leben empfangen und anderen Leben schenken und uns dabei nicht von Angst, Vorurteilen oder Gefühlen der Überlegenheit oder Unterlegenheit beeinträchtigen lassen.

Ich glaube, dass sich Menschen nur dann für das größere Gemeinwohl einer ganzen Nation und anderer Völker einsetzen können, wenn ihnen aufgeht, dass alle berufen sind, Menschen des Daseins füreinander, des Friedens und der Gerechtigkeit zu sein. Gemeinwohl ist das, was allen und jedem zu einem besseren Leben verhilft.

Der Historiker und ökumenische Theologe DONALD NICHOLL untersuchte unter anderem, welche Rolle die großen Religionen bei der Interpretation Gottes spielten. In seinem provozierend ehrlichen Buch *The Beatitude of Truth* schrieb er darüber, wie die katholische und die protestantische Kirche im Nazi-Deutschland unfähig waren, sich zur Hilfe für die von HITLER verfolgten Juden aufzuraffen, obwohl sie wussten, was vor sich ging, und obendrein, dass es Unrecht war. Beide Kirchen hatten sich zu sehr in sich verschanzt und die viel größeren Visionen aus den Augen verloren, denen sie eigentlich verpflichtet waren.

Wenn auf unserer Erde endgültig Frieden einkehren soll, müssen alle Nationen entdecken, dass sie durch ein menschheitliches Schicksal aneinander geschmiedet sind. Als Mitglieder der einen Menschheitsfamilie sind wir alle dazu berufen, uns umeinander zu kümmern.

Das Dazugehören in einer
pluralistischen Gesellschaft

Wo liegt das notwendige Bewusstsein eines Dazugehörens zu größeren, umfassenderen Lebenseinheiten verborgen? Und wie kann man die Zwangsjacke eines nur zu einer kleinen Gruppe Dazugehörens abstreifen? Ich glaube, es fängt damit an, dass man mit anderen Menschen in Kontakt kommt, Freundschaften schließt und einander zuhört, was jeder zu erzählen hat.

Jeden von uns rührt es besonders an, wenn er von jemandem aus einer anderen Kultur freundlich behandelt wird, zumal er nicht Mitglied seiner eigenen Kultur ist; ähnlich, wenn einem ein Fremder sein inneres Leid, seine Sorgen oder seine Schwierigkeiten offenbart. Wahrscheinlich spüren wir in solchen Augenblicken viel deutlicher als sonst, dass wir miteinander in einem gemeinsamen Menschsein verbunden und Freunde sind. Zwischen Menschen ganz unterschiedlicher Herkunft und Kultur wachsen Freundschaften, wenn sie sich mit dem Herzen begegnen und nicht, weil sie ein gemeinsames Erbe teilen. Solche Freundschaften können gedeihen in dem Bewusstsein, gemeinsam zur größten aller Gruppen zu gehören: zur Menschenfamilie insgesamt.

Andererseits – gerade manche religiös eingestellten Menschen betrachten pluralistische Gesellschaften, in denen Menschen unterschiedlicher kultureller und religiöser Herkunft leben, als gefährlich. Sie sind der Meinung, in einer solchen Gesellschaft seien religiöse Werte nicht aufrechtzuerhalten.

Die Gefahr ethischen Verfalls gibt es ja tatsächlich, aber auch den wertvollen Aspekt, dass Menschen anfangen, sich als Mitglieder der Menschheitsfamilie und nicht nur als Gruppenmitglieder zu sehen, sofern sich über die kulturelle und religiöse Zugehörigkeit hinaus die Einzelnen von Herz zu Herz, von Mensch zu Mensch begegnen. Wenn man entdeckt, dass die Zugehörigkeit zu einer bestimmten Gruppe auch Illusionen und Mutmaßungen der eigenen Überlegenheit nährt, kann die Herzensbereitschaft erwachen, nach und nach Vorurteile anderer Gruppen gegenüber abzubauen.

Dort, wo eine Religion Menschen der eigenen Gruppe nach außen hin abkapselt, stellt sie die Zugehörigkeit zu dieser Gruppe und deren Erfolg und Wachstum über die Liebe und über die Verletzbarkeit durch andere; damit aber werden die Kraft und die Offenheit der Herzen unterbewertet. Wo dies geschieht, verkommt Religion allzu leicht zur Ideologie, d. h. zu einer Reihe von erstarrten Vorstellungen, die man sich selbst und dann auch anderen aufdrängt, was zur Folge hat, dass man sich hinter überflüssigen Mauern verschanzt. Wenn Religion stattdessen dazu beiträgt, das Herz in Liebe und Mitempfinden für die zu öffnen, die nicht unseres Glaubens sind, um mit ihnen gemeinsam die Quelle der Freiheit in unseren Herzen zu finden sowie im Mitempfinden und in der Liebe zueinander zu wachsen, dann wird Religion erst wahrhaft zur Quelle des Lebens.

Das Herz ist nie „erfolgreich", d. h., es sucht nicht Macht, Ehren, Privilegien oder Erfolge; es sucht die persönliche Beziehung zum anderen, die Kommunikation von Herz zu Herz, das Hin und Her der Liebe. Dieses Offensein des Herzens bringt allerdings auch eine Verletzlichkeit mit sich; man zeigt offen seine Wünsche und Schwächen. Das Herz gibt und empfängt, wobei es vor allem zu geben geneigt ist. Das Herz reicht hinaus zu jenen, die vor Schwäche und Bedürfnis nach Verständnis und Liebe weinen. Das menschliche Herz und sein Bedürfnis nach Zusammensein sind die Kräfte, die die Mauern von Ideologie und Vorurteilen niederreißen. Sie führen uns vom Verschlossensein zum Offensein, von der Illusion der Überlegenheit zu Verletzlichkeit, Bescheidenheit und Liebe. Dies ist auch der tiefere

Beweggrund dafür, wenn wir Sicherheit schließlich nicht mehr nur in der Gruppe suchen, sondern im eigenen Herzen, das eine neue innere Stärke gefunden und echte Reife erlangt hat.

Geschlossene und offene Gruppen

Manchmal kann der Beweggrund, auf den hin man zusammenfindet, d. h. der Zweck einer Gemeinschaft auch sein, persönliche Beziehungen ersticken. Die Einzelnen begegnen sich hier nicht mehr von Person zu Person, in Beziehungen von Herz zu Herz, sondern treffen sich nur mehr als Mitglieder der gleichen Gruppe, die von gleichen ideellen Zielen motiviert sind. Tatsächlich verstecken sich manche Menschen genau aus diesem Grund hinter den Zielen und Aktionen einer Gruppe, weil sie persönlichen Beziehungen aus dem Weg gehen wollen. Sie sehen den Wert der anderen vor allem darin, dass sie mit ihnen selbst Gruppenmitglieder sind und die eigenen Ziele und Ideale teilen, gehen aber nicht wirklich persönlich auf sie ein.

In der „Arche" haben wir erfahren, wie kompliziert dieses Thema sein kann. Zu Anfang unseres Gemeinschaftslebens gaben wir uns alle Mühe, die Bande aller Mitglieder untereinander zu stärken. Dazu veranstalteten wir zum Beispiel gemeinschaftliche Treffen und Feiern, Gottesdienste, gemeinsame Gebets- und Freizeiten, und wie selbstverständlich gingen wir auf jeden Einzelnen sehr aufmerksam ein. Die Intensität eines Gemeinschaftslebens vermag den Beteiligten eine stabile Struktur zu geben und ihnen zu helfen, die nötige intellektuelle und spirituelle Nahrung zu finden und in Sicherheit zu leben.

Zugleich kann sich jedoch die Gefahr einschleichen, dass ein derart intensives Gemeinschaftsleben die Gemeinschaft von ihren Nachbarn „nebenan" und der Gesellschaft insgesamt absondert. Möglicherweise hindert es sogar seine Mitglieder daran, hinsichtlich der persönlichen Selbstständigkeit und Freiheit, des persönlichen Verantwortungsbewusstseins und der eigenen inneren Reife zu wachsen. Eine Gemeinschaft wird dann zu einer Art sicherer, „idealer" Welt, in der von der Gruppe erwartet wird, dass sie für alle Bedürfnisse ihrer Mitglieder sorgt, bis sie schließlich gänzlich überfordert ist und unvermeidlich zusammenbricht, weil sie all die in sie gesetzten hohen Erwartungen gar nicht zu erfüllen und nicht alle Konflikte befriedigend zu lösen vermag.

Wenn eine Gemeinschaft andererseits versucht, ganz in ihrem Umfeld aufzugehen, besteht die Gefahr, dass sie dabei ihre eigene Identität verliert. Ihre Mitglieder können so darauf aus sein, mit ihren Nachbarn ganz eins zu sein, dass ihr Zugehörigkeitsgefühl, ihr Gespür für die Gruppenidentität und folglich ihr Ausgangsideal immer mehr verblassen. Im konkreten Leben ist es nicht so einfach, die gesunde Mitte zu finden zwischen begrenzter Abgeschlossenheit, die eine klare Identität nach innen hin wahrt und das Reifen zu bestimmten Werten und spezifischer Spiritualität fördert, und dem natürlichen Offensein nach außen für die, die nicht nach den gleichen Werten leben und uns doch im gemeinsamen Menschsein verbunden sind.

Genau genommen stehen alle Religionen und alle christlichen Kirchen vor der Herausforderung, in dieser Hinsicht eine ausgewogene Lösung zu finden. Wenn man zu offen ist, kann es die Qualität der eigenen Lebensart verwässern und den Prozess des Reifens der Mitglieder gefährden. Gibt man sich jedoch zu abgeschlossen, kann es erstickend wirken. Es bedarf der Weisheit, Reife und inneren Freiheit *aller* Mitglieder einer Gemeinschaft, jene Harmonie zu finden, die nicht nur das Leben und das gesunde Gefühl des Dazugehörens erhält und vertieft, sondern auch Leben nach außen hin schenkt und empfängt. Gelingt dies, ist die Gemeinschaft tatsächlich ein offener Lebensraum, in dem man Mensch werden und allen zur Offenheit, Freiheit – nach innen wie nach außen – und zum Einsatz für das Gemeinwohl helfen kann.

In dieser Hinsicht ist es interessant zu sehen, wie JESUS, der Kopf und das Herz aller christlichen Glaubensrichtungen, auf die Frage antwortet: Wer ist mein Nächster? Er spricht nicht von dem Menschen, der direkt neben mir lebt und mit dem ich die gleichen Ansichten über das Leben und den Glauben teile. JESUS erzählt die Geschichte eines Mannes, der von Jerusalem nach Jericho geht und von Räubern halbtot niedergeschlagen wird. Als er im Straßengraben liegt, machen jene aus seiner.Gemeinschaft, von denen man hätte erwarten können, dass sie ihm helfen, einen großen Bogen um ihn. Ein Fremder ist es, einer, der einer ganz anderen religiösen Gruppe angehört, der anhält und den Elenden versorgt. Eindeutig ist es dieser Fremde, der „barmherzige Samariter", der den Verletzten als seinen Nächsten betrachtet und so handelt, wie ein Nächster handeln sollte. – JESUS lehrte sein ganzes Leben lang die Menschen und leitete sie dazu an zu begreifen, dass wir alle das Menschsein gemeinsam haben und darum Barmherzigkeit und Güte unter uns unendlich wichtiger sind als jede Ideologie.

Das Gemeinwohl –
Welche Gesellschaft ist die richtige?

Im Dazugehören entdecken Menschen, was Menschsein heißt. Der Zusammenbruch des Dazugehörens, das Zusammenbrechen von Familien gehen unmittelbar einher mit

Angst, Einsamkeit und chronischem Kreisen um sich selbst. Hier stoßen wir auf die Wurzeln der ungeheuren sozialen Unrast unserer Zeit.

Welche Faktoren in Familie, Schule und Gesellschaft sind dazu angetan, nach ethischen Werten zu leben, uns für die Bedürfnisse anderer zu öffnen und mit ihnen Leben zu teilen, statt nur das Beste für uns selbst und unsere Gruppe herausholen zu wollen?

Was wir verloren haben, ist meiner Überzeugung nach der Sinn dafür, dass das Dazugehören den Raum des Herzens für echte Begegnungen schafft.

In einem Raum lebendig erlebter Begegnung fühlt sich jeder Mensch daheim, finden wir klare Strukturen und Orientierung, können wir gemeinsam nach Wahrheit suchen, finden wir Heilung für unser Herz, das vielleicht lange unfähig war, auf andere in fruchtbarer Weise zuzugehen, lernen wir, nicht in unseren eigenen Bedürfnissen und Wünschen befangen zu bleiben, sondern andere so zu nehmen, wie sie sind, und ihnen zuzugestehen, andere Gaben und Fähigkeiten zu haben als wir selbst und auf ihre Art sehr wichtig und wertvoll zu sein. Der Raum lebendiger Begegnung hilft uns zu entdecken, selber Teil eines viel größeren Ganzen zu sein und gemeinsam Gewaltiges zustande bringen zu können.

Wie lassen sich Menschen motivieren, sich für andere zu öffnen und sich energisch dafür einzusetzen, unsere Welt für alle Menschen zu einem wohnlicheren Ort zu machen? Ist es nicht die Pflicht von Kirchen und Religionen, von humanitären Organisationen, Denkschulen und Regierungen, Voraussetzungen und dann konkrete Räume des Dazugehörens und Dialogs zu schaffen, in denen erfahrbar werden kann, dass alle Menschen in der Liebe zu wachsen vermögen, damit unsere Herzen Heilung erfahren und wir für andere Hilfreiches zu Wege zu bringen vermögen?

Ist es nicht so, dass ein Umschwung im gesellschaftlichen

Bewusstsein nicht von der Arbeit der Professionellen allein abhängen darf, sondern von jedem von uns, von unserem gemeinsamen Engagement? Ich bin mir nicht sicher, welche Gestalt unsere Gesellschaft genau annehmen müsste, damit es in ihr möglich ist, dass immer mehr Menschen in größerer gegenseitiger Liebe und Achtung zusammenarbeiten. Aber ich weiß ganz sicher, dass eine solche Gesellschaft Licht und Hoffnungszeichen für die Welt werden könnte.

Erst wenn ein lebendiges Hin und Her von Ideen und Engagement in Gang kommt, wächst das Gefühl, dass einer dem anderen zuhört und jeder einbezogen und ernst genommen ist. Wichtig ist vor allem, dass jeder von uns zunächst einmal an seinen eigenen Wert und an seine Fähigkeit glaubt, schöpferische Dinge zustande zu bringen, statt im todernsten Spiel des reinen Überlebenskampfs unserer Wettbewerbsgesellschaft in der Gier nach immer Mehr sich müde zu laufen und womöglich stecken zu bleiben. Wenn wir uns die elementare Überzeugung zu eigen machen, dass die Arbeit mit anderen und für andere wesentlich mehr Erfüllung und Freude schenkt, als wenn man immer nur für den eigenen Vorteil arbeitet, dann werden wir in unserer Gesellschaft tatsächlich unser Miteinander als ein wunderbares Fest erleben.

Dazugehören ist also ein ganz wesentlicher Aspekt des Menschseins. Den ersten und grundlegendsten Raum des Dazugehörens bietet, wir sagten es schon, die Familie, in der ich mein Leben auf dieser Erde annehme, in der ich aufwachse und zu meiner Sprache, meinen Gebräuchen, meiner Kultur, meinen Gewohnheiten und in vieler Hinsicht zu meinen Charakterzügen finde. Das Wachsen der Menschenwesen lässt sich insofern mit dem von Pflanzen und Bäumen vergleichen, als auch sie in der Erde verwurzelt sind, ihre Nahrung und Energie aus Erde, Sonne, Wasser und Luft beziehen, um zu wachsen und sich zu entfalten,

Frucht zu bringen und neues Leben schenken zu können. Für den Menschen bedeutet „Erde" auch Sprache und Kultur, und sie ist Lebensraum auch ganz wesentlich für andere Menschen, mit denen wir – bewusst oder unbewusst – verbunden sind, Menschen, die für uns in Liebe und Achtung da sind und uns zu fruchtbaren Beziehungen, zu Offenheit und Liebe anregen. Ohne andere Menschenwesen kapseln wir uns in Angst oder Selbstgenügsamkeit ab.

Unsere je eigene Persönlichkeit vertieft sich und reift in dem Maße, in dem wir gegenüber anderen in Offenheit, Respekt und Liebe leben, einer Liebe, in der Schwäche ein offenes Ohr findet und die Schwachen ermächtigt werden, d. h. den Menschen geholfen wird, wirklich sie selbst zu sein, über ihr eigenes Leben selbstständig zu verfügen und ihre Fähigkeit zu entdecken, an andere Leben weiterschenken zu können. Angst sperrt ein, Liebe öffnet alle Pforten.

Im nächsten Kapitel möchte ich vom Weg der Heilung sprechen, über die Bewegung vom Ausgrenzen zum Einbeziehen, von der Angst zum Vertrauen. Alles am Menschen bedarf der Nahrung: sein Körper, sein Geist, seine Erinnerung, sein Phantasievermögen und vor allem sein Herz. Das Herz des Menschen braucht die Begegnung mit anderen Herzen, um genährt werden. So findet es Eingang in die Gärten des Lebens, kann sich für eine neue und tiefere Verletzlichkeit öffnen, kann alles neu sehen und begreifen lernen: das Universum, Gott, die Geschichte, die Schönheit und Tiefe jedes Menschenwesens.

3 Vom Ausgrenzen zum Einbeziehen: Wege in Richtung Heilung

Im Lukasevangelium erzählt JESUS die bewegende Geschichte vom obdachlosen Bettler LAZARUS, der nicht genug zu essen hatte. Seine Beine waren von Geschwüren übersät, und er lag vor dem prächtigen Haus eines reichen Mannes, der üppige Gastmähler für seine Freunde zu veranstalten pflegte. LAZARUS hätte gern seinen Hunger mit den Resten gestillt, die vom Tisch des Reichen fielen, aber die wurden dessen Hunden vorgeworfen.

LAZARUS starb und ging zum Ort des Friedens, in den „Schoß Abrahams". Auch der reiche Mann starb und kam an den „Ort der Pein". Von dort blickte er auf und sah von weitem LAZARUS als Erlösten. Da rief er: „Vater Abraham, hab Erbarmen mit mir, und schick Lazarus zu mir; er soll wenigstens die Spitze seines Fingers ins Wasser tauchen und mir die Zunge kühlen, denn ich leide große Qual." ABRAHAM erwiderte: „Das ist nicht möglich. Zwischen ihm und dir ist eine tiefe, unüberwindliche Kluft." Er hätte hinzufügen können: „... so wie du zu deinen Lebzeiten auf der Erde zwischen dir und ihm eine tiefe, unüberwindliche Kluft gelassen hast."

Diese alte Geschichte von LAZARUS sagt überraschenderweise sehr viel über unsere heutige Welt, in der ein riesiger Abgrund klafft zwischen denen, die über Nahrung, Geld und Wohlstand verfügen, und denen, die Hunger leiden und keine eigene Bleibe kennen. Ich entsinne mich an Kinder in Kalkutta, die sich ihre Nasen am Fenster eines Luxusrestaurants platt drückten. Von Zeit zu Zeit verjagte sie der Portier. Die „Reichen" – dazu gehören ich und vielleicht mancher von Ihnen, die dieses Buch lesen – mögen es nicht, wenn sie von hungrigen Bettlern angestarrt werden. Haben wir nicht schon alle gelegentlich angesichts von Hungernden Verlegenheit, Ärger und auch Angst empfunden?

In Paris wurde ich eines Tages von einer ziemlich heruntergekommenen Frau angegangen, die mich anflehte: „Gib mir etwas Geld!" Ich fing ein Gespräch mit ihr an. Es stellte sich heraus, dass sie gerade aus einer psychiatrischen Klinik entlassen worden war. Mir wurde unverzüglich klar, sie müsse sich in einer recht trostlosen Lage befinden, was mir Angst machte und Unsicherheit. Da ich eine Verabredung hatte, zu der ich nicht zu spät kommen wollte, gab ich ihr etwas Kleingeld und ging weiter, genau wie der Pharisäer und der Levit im „Gleichnis vom barmherzigen Samariter". Ich hatte Angst, vom Leid und der Bedürftigkeit dieser Frau regelrecht aufgesogen zu werden.

Warum klaffen zwischen uns Menschen solche Abgründe? Warum sind wir unfähig, LAZARUS in die Augen zu schauen und ihm zuzuhören? Ich vermute, wir schließen LAZARUS deshalb aus, weil wir Angst davor haben, unsere Herzen könnten angerührt werden, wenn wir in eine ehrliche Beziehung mit ihm eintreten. Wenn wir uns seine Geschichte anhören und seinen Schmerzensschrei hören, entdecken wir, dass er ein Menschenwesen ist wie wir. Sein zerbrochenes Herz und seine Schicksalsschläge könnten uns aufwühlen. Was aber geschieht, wenn unser Herz angerührt wird? Es könnte sein, dass wir dann etwas tun möchten, ihn zu trösten, ihm zu helfen und seinen Schmerz zu lindern; aber wohin würde uns das führen? In dem Augenblick, in dem wir uns auf ein Gespräch mit einem Bettler einlassen, laufen wir Gefahr, in ein Abenteuer zu geraten. LAZARUS braucht ja nicht nur Geld, sondern vor allem einen Ort, an dem er wohnen kann, und medizinische Behandlung, vielleicht Arbeit und mehr noch: Er braucht die Freundschaft eines Menschen.

Aus diesem Grund ist es gefährlich, Beziehungen mit den Lazarussen unserer Welt einzugehen. Tun wir das, laufen wir Gefahr, dass sich unser Leben völlig verändert.

Wir alle sitzen in unseren Kulturen und Gewohnheiten mehr oder weniger fest im Sattel, sogar in unseren Freundschaften und in den Räumen unseres Dazugehörens. Wenn ich mich mit einem Bettler anfreunde, bringe ich das ganze Boot ins Schlingern. Meine Freunde und Bekannten könnten sich angesichts meines neuen Umgangs unwohl fühlen, vielleicht sogar unliebsam verunsichert, bedroht. Vielleicht würden sie sich ungewollt provoziert fühlen, ähnlich handeln zu sollen. Deshalb könnten sie vielleicht aggressiv reagieren und das törichte, so genannte utopische Unternehmen eines von ihnen, der sich mit einem Bettler anfreundet, scharf kritisieren.

Mir geht immer deutlicher auf, dass die Angst in unserem Leben eine schreckliche Motivationskraft darstellt. Wir haben Angst vor denen, die anders sind. Wir haben Angst vor Versagen und Abgelehntwerden. Nicht nur meine eigenen Ängste werden mir immer deutlicher, sondern auch die Ängste der anderen. Angst bildet die Wurzel aller Formen von Ausgrenzung, genau wie das Vertrauen die Wurzel aller Formen von Einbeziehen und Solidarität bedeutet.

Die Geschichte der Menschheit ist eine Geschichte der Kriege, der Unterdrückung, der Versklavung und Ablehnung. In jedem Zeitalter hat jede Gesellschaft ihre eigenen Formen des Ausgrenzens geschaffen. Es gibt eine endlose Liste derer, die wir auszugrenzen geneigt sind, und jeder von uns – da dürfen wir sicher sein – steht auf der Liste anderer: als Obdachloser, Kranker, Sterbender, Junger, Alter, Wohlhabender, Privilegierter, Schwacher, Behinderter, Fremder, Einwanderer, Aidskranker ...

Meine eigene Erfahrung bezüglich Ausgrenzung bezieht sich vor allem auf geistig Behinderte. Ich habe überall in der Welt entsetzliche Einrichtungen für diese Menschen gesehen. In afrikanischen Ländern habe ich Männer und Frauen, die dort als „verrückt" gelten, an Bäume gekettet gefunden. Sie wurden blutig geschlagen, weil man ihnen damit den so genannten Teufel austreiben wollte, der sie angeblich beherrschte. In Lateinamerika habe ich ein Asyl gesehen, in dem ungefähr hundert halbnackte Männer und Frauen in einem verfallenen Gebäude hausten, in dem sich zahllose riesige schwarze und weiße Ratten tummelten. Solche Formen physischer Misshandlung sind nur äußere Ausdrucksformen viel weiter gehenden Ausgrenzens.

Ich bin zu dem Schluss gekommen, dass die geistig Behinderten zu den unterdrücktesten und am stärksten ausgegrenzten Menschen auf der Welt gehören. Sogar ihre eigenen Eltern schämen sich häufig, „ein solches" Kind in die Welt gesetzt zu haben. Diese Eltern fühlen sich von ihrem vermeintlichen Versagen erniedrigt und beschämt; denn der soziale Druck, ein vollkommen gesundes Kind zur Welt zu bringen, ist ungemein groß.

In manchen Kulturen werden Kinder mit Behinderungen als Strafe Gottes betrachtet. Im neunten Kapitel des Johannesevangeliums befragen die Jünger JESUS über einen blind geborenen Bettler: „Haben seine Eltern gesündigt, so dass er blind geboren ist?" Diese Frage nach der Schuld findet sich immer wieder, bis heute. In Frankreich wandte sich ein Arzt wegen seiner 11-jährigen behinderten Tochter an mich. Er erzählte mir, als er bei ihrer Geburt sah, dass sie eine Behinderung aufwies, sei ihm spontan der Gedanke in den Kopf gefahren: „Was habe ich Gott getan, dass er mir eine solche Katastrophe schickt?" Es ist nicht leicht, mit solchen Schuldgefühlen zu leben.

An der Wurzel von Vorurteil und Ausgrenzung: Angst

Ich lebe seit über dreißig Jahren mit Männern und Frauen zusammen, die aus der Gesellschaft ausgegrenzt werden. Ich habe dabei aus erster Hand erlebt, welche stark und schlimm motivierende Kraft für die Handlungen der Menschen die Angst ist. Nach meinen Erfahrungen mit geistig behinderten Menschen ist mir deutlicher zu Bewusstsein gekommen, wie tief die Angst vielen Vorurteilen und Ausgrenzungen zugrunde liegt.

Wir haben Angst vor denen, die anders sind als wir, die unsere Autorität, unsere Sicherheiten, unsere Denkgewohnheiten und unser Wertesystem in Frage stellen. Wir haben Angst davor, etwas für uns Wichtiges zu verlieren, all die Elemente, die uns Leben, Sicherheit und unseren Rang in der Gesellschaft gewährleisten. Wir haben Angst vor Veränderungen, und – so vermute ich – noch mehr Angst haben wir vor unserem eigenen Herzen.

Angst bewirkt, dass wir geistig behinderte Menschen in abgelegene, trostlose Einrichtungen abschieben. Angst hindert uns daran, das Geld für eine Mahlzeit, das wir tatsächlich übrig hätten, mit den Lazarussen dieser Welt zu teilen. Paradoxerweise ist es ausgerechnet Angst, die uns daran hindert, mehr Mensch, d.h. reifer zu werden und uns zu größerer Offenheit zu verändern. Angst will nichts verändern. Angst klammert sich an den Status quo. Und starrer Status quo führt in den Tod, zu entseeltem Leben.

Angst lebt von dem, wovor sie sich ängstigen kann. Wenn ich mich in mir selbst unsicher fühle, finde ich fast immer einen Sündenbock für meine Angst, d.h. jemanden oder etwas, den oder das ich zum Gegenstand meiner Angst und auch meiner hilflosen Wut machen kann. Die Arten Angst machender Begegnungen lassen sich in einige grobe

Kategorien einteilen. Ich denke, es ist lohnenswert, sich einige von ihnen etwas genauer anzusehen.

(1) Angst vor Abweichlern

Zunächst einmal gibt es die Angst vor Abweichlern. Diese Angst vor dem, der anders denkt, d. h. vor dem, der die bestehende Ordnung zu gefährden scheint, hat es immer gegeben. Alle, die vor einem Abweichler Angst haben, hegen diese aus besonderem Interesse am Erhalt der bestehenden Ordnung. Häufig ist dieses Interesse zudem durch Geld und Macht oder das Bedürfnis bedingt, andere unter Kontrolle zu halten und sich ihnen überlegen zu fühlen. Zur Zeit, als politische Führer – meist Könige – als Stellvertreter Gottes auf Erden und als Hüter von Wahrheit, Religion und Moral angesehen wurden, mussten alle, die sich diesen Führern widersetzten, zwangsläufig als böse, als Agenten des Teufels erscheinen. Denn wenn der Status quo als von Gott kommend verstanden wurde, dann widersetzte sich jeder, der ihn in Frage stellte, Gott selbst und der Naturordnung. Die Behauptung, dass „Gott auf unserer Seite" stehe, war schon immer eine kraftvolle Rechtfertigung auch für das Foltern und Töten im Namen der Wahrheit.

Die Millionen, die im letzten Jahrhundert im Russland STALINS und in deutschen Konzentrationslagern, in Südafrika, Guatemala, Chile und hundert anderen Ländern gefoltert und ausgemerzt wurden, galten denen, die sie als ihre Gegner betrachteten, immer aus voller Überzeugung als böse und gefährlich. Und alle Diktatoren verfügen zur Ausgrenzung und Unterdrückung ihrer Gegner immer über einen umfangreichen Apparat von Geheimpolizei-Einrichtungen.

Zur Geschichte der Menschheit gehören aber auch die Geschichten der Helden und Märtyrer und ihre neuen Visionen für die Menschheit. Sie wurden von den einen als Terroristen und Dissidenten, von anderen als Freiheitspropheten betrachtet. In der Antike warf man Christen den wilden Tieren im römischen Kolosseum vor, weil die Römer deren neue, eigenartige Religion als Bedrohung der herrschenden Ordnung betrachteten.

Es liegt in der Natur der Macht, sich gegen Veränderungen zu sperren. Das Prinzip des von Gott verliehenen Rechts des Königs geht wahrscheinlich schon bis zu den Anfängen der Menschheit zurück. Heute, in unserer säkularisierten Zeit, sprechen wir seltener von göttlich sanktionierten Rechten; aber de facto praktizieren auch heute noch allzu viele, die auf unterschiedliche Weise an der Macht sind, eine Art von absolutem Anspruch auf eine autoritäre Ausübung.

Neben der Selbstverherrlichung der Mächtigen gibt es jedoch eine tiefere Problematik. Führer vertreten gewöhnlich die Ansicht, sie seien per se im Recht. Das ist Teil der Vorstellungswelt, die Menschen geschaffen haben: Nach dem Gesetz der natürlichen Selektion haben sich die Wertvorstellungen dessen, der es bis an die Spitze geschafft hat, als besonders zuverlässig erwiesen. Aus diesem Grund erscheint es den Mächtigen nicht anders als rechtens, jeden, der sich ihnen widersetzt, zu unterdrücken und auszugrenzen. Wer gegen sie ist, schafft Unordnung, verstößt vermeintlich gegen die Naturordnung. Hierzu kann man nur sagen, dass es für Führende ungemein wichtig wäre, sich gegensätzliche Meinungen anzuhören und sich zu verstehen zu versuchen, worin diese ihre Ursache haben und was an ihnen wahr ist.

Wenn uns die Geschichte eines lehrt, dann dies: Macht ist immer nur geliehen. Bestenfalls ist Macht gewährt, nie Besitz. Das heißt: Machthabende brauchen unbedingt die Gaben der Unterscheidung und des Urteilsvermögens. Gerade in unseren westlichen Demokratien dürfte dies eigentlich selbstverständlich sein. Wenn ihnen klar ist, dass Macht ihrer Natur nach ihnen nur zeitlich verliehen wird, muss ihnen auch klar sein, wie wichtig es ist, für alles Wertvolle gegensätzlicher Auffassungen offen zu sein.

Halten wir also fest: Macht ist naturgemäß zeitlich begrenzt. Sie muss als Bevollmächtigung zu wirkungsvollem Dienen begriffen werden, was entsprechende Bescheidenheit voraussetzt, und der Inhaber von Macht muss fähig sein, in Äußerungen von Protest den Kern an Wahrheit, der in ihm steckt, zu erkennen und ernst zu nehmen.

(2) Angst vor dem Anderssein

Zweitens gibt es die Angst vor dem Anderssein. Im Kapitel zuvor habe ich zu zeigen versucht, wie Dazugehören für die Entfaltung des Lebens entscheidend sein, umgekehrt aber auch das Leben ersticken und regelrecht verhindern kann. Es liegt in der Natur des Menschen, zu einer Gruppe Gleichgesinnter gehören zu wollen, zu Menschen mit gleicher Kultur oder solchen mit gleichen Zielen und Interessen. Wenn wir einander kennen, können wir auch miteinander arbeiten. Gemeinsam fühlen wir uns sicher. Jene aber, die anders sind, verwirren und verunsichern uns.

Wer sind die, die anders sind? Es sind z. B. Menschen, die unter Armut, Zerbrochenheit, Behinderung oder Alleinsein leiden. Diese Millionen von Lazarussen rufen um Hilfe. Oft hausen sie im Elend, während andere im Wohlstand leben. Ihre Schreie sind für jene von uns, die alles in Hülle und Fülle haben, gefährlich. Wenn wir ihr Rufen hören und unsere Herzen öffnen, wird es uns etwas kosten; das spüren wir. Darum tun wir lieber so, als hörten wir ihr Rufen nicht, und grenzen sie aus unserem Leben aus.

Anders als wir sind auch jene, die als Fremde unter uns leben. Es gibt viele Arten, anders zu sein: anders auf Grund von Wertvorstellungen, Kultur, Rasse, Sprache oder Bildung, religiöser oder politischer Ausrichtung. Manche mögen es zwar ganz anregend oder zumindest interessant finden, für kurze Zeit einem Fremden zu begegnen; aber es ist etwas völlig Verschiedenes, sich einem Fremden wirklich zu öffnen und mit ihm Freundschaft zu schließen.

Diese Angst vor dem anderen tritt besonders deutlich zutage, wenn es um Menschen mit geistigen Behinderungen geht. Ich erinnere mich noch, wie ich zum ersten Mal solchen Menschen begegnete. Père THOMAS PHILIPPE, ein französischer Priester, der nach meinem Ausscheiden aus der Marine mein geistlicher Begleiter wurde und entscheidend zur Gründung der „Arche" beitrug, lud mich eines Tages zu einem Besuch bei seinen „neuen Freunden" in einer kleinen Einrichtung ein, deren Hausgeistlicher er war. Damals lehrte ich am St. Michael's College in Toronto Philosophie. Ich nahm seine Einladung an, hatte aber auch etwas Angst davor. Wie sollte ich mich mit Leuten unterhalten, die nicht sprechen konnten? Und wenn sie sprächen, worüber sollten wir dann wohl reden? Ich fürchtete, mit dieser neuen, für mich ungewohnten Situation nicht zurechtzukommen oder nicht zu wissen, wie ich mich ihnen gegenüber verhalten sollte, und darum eigentlich fehl am Platz zu sein.

Wenn wir unser Leben um bestimmte Werte hinsichtlich Wissen, Kompetenz und sozialem Ansehen herum aufgebaut haben, fällt es schwer, jene zu akzeptieren, die nicht nach dem gleichen Wertesystem zu leben vermögen. Wir empfinden es, als würden wir von solchen Menschen bedroht.

Die sozialen Stigmata, mit denen man geistig behinderte Menschen behaftet, sind enorm stark. Implizit steht dabei die Frage im Raum: Kann jemand überhaupt voll und ganz Mensch sein, wenn er nicht nach den in der größeren Gesellschaft geltenden Werten zu leben vermag?

Menschen mit geistigen Behinderungen werden im Allgemeinen ans äußerste Ende des Spektrums menschlicher Lebensmöglichkeiten verwiesen. Als ich ihnen zum ersten Mal in der „Arche" begegnete, glaubte ich an die Liebe; für mich bedeutete Liebe, ein offenes Herz zu haben und anderen Gutes zu tun. Damals war mir jedoch noch nicht klar, dass wir ihnen durch unsere Liebe helfen können, ihren eigenen, in ihnen wohnenden Wert zu erkennen, ja, dass wir ihnen ihre Schönheit und ihre Einmaligkeit zu offenbaren vermögen.

Dank der „Arche" lernte ich nach und nach, den Wert einer Herzensgemeinschaft zu entdecken, den Wert einer Liebe, die andere ermächtigt und ihnen sozusagen aufstehen hilft; einer Liebe, die sich in Demut und Vertrauen als wirksam erweist. Wenn unsere säkulare Gesellschaft Schwierigkeiten hat, gerecht, human und solidarisch zu sein, und wenn wir ständig mit einer Welt voller Krisen, Gewalt, Angst und Missbrauch konfrontiert werden, dann nehme ich an, der Grund liegt darin liegt, dass wir uns noch nicht darüber im Klaren sind, was Menschsein wirklich bedeutet. Wir neigen dazu, Menschsein auf den Erwerb von Wissen, Macht und sozialem Ansehen zu fixieren und zu reduzieren. So verkennen wir das Herz und sehen es nur als Symbol der Schwäche, als störenden Ort von Sentimentalität und Gefühl. In Wirklichkeit aber ist es die Kraftquelle einer Liebe, die uns von unserer Ichbezogenheit erlöst, uns selbst und anderen die elementare Schönheit des Menschseins offenbart und uns alle zum Reifen befähigt.

(3) Angst vor Versagen

Wir haben bisher von der Angst vor Abweichlern und von der Angst vor dem Anderssein gesprochen. Eine weitere Form der Angst, die uns umtreiben kann, ist die Angst vor Versagen.

In mir selber wurde die Angst vor Versagen und die Angst, mich hilflos und unfähig zu fühlen, schon von Kindheit an genährt. Ich sollte Erfolg haben, sollte meinen Wert unter Beweis stellen und Recht haben. Dieses Bedürfnis nach Erfolg und Angenommensein, ja nach Bewundertwerden von meinen Eltern und denen, die ich als „Höhere über mir" betrachtete, wuchs in mir zu einer starken Motivationskraft, wie sie sich ganz allgemein bei vielen Unternehmungen der Menschen zeigt.

Der Drang, zu gefallen und erfolgreich zu sein, ist durchaus eine wertvolle Motivation; aber – er hat seine Kehrseite. Bei ein und derselben Auswahlprüfung kann nicht jeder gewinnen, viele fallen durch. Versagen aber kann viele Menschen zermürben, und das tut es tatsächlich. Das Bedürfnis zu gewinnen, verbunden mit der Angst vor Versagen und der Angst, abgelehnt zu werden und in Einsamkeit und Angst zu stürzen, kann uns dazu veranlassen, nur mit denen in Kontakt zu treten, die uns mögen und bewundern, also mit jenen, die uns als „Sieger" betrachten. Und natürlich wissen wir, dass andere genau das gleiche Spiel treiben.

Menschen mit geistigen Behinderungen scheinen so anders zu sein, dass sie wirken, als kämen sie aus einer anderen Welt. Es scheint unmöglich zu sein, mit ihnen ohne Schwierigkeiten in Kommunikation zu treten. Wir können uns angesichts ihrer völlig hilflos fühlen.

Im Kern dieser Angst vor dem Anderen, dem Fremden und dem fremdartigen Menschen steckt die Angst vor Versagen, die Angst, eine ungewohnte Situation nicht zu bewältigen und mit einem anderen Menschen nicht in Beziehung treten zu können. Es mutet an, als müssten wir ganz unbekanntes Gelände betreten.

(4) Angst vor Verlust und Veränderung

Sodann gibt es die Angst vor Verlust und Veränderung. Warum haben Reiche und Mächtige – also, genau genommen, Sie und ich – solche Angst vor den Lazarussen in unserer Mitte? Ist es nicht deshalb, weil wir fürchten, unseren Reichtum mit ihnen teilen zu müssen und dadurch etwas zu verlieren? Es ist leicht, einem Bettler etwas Kleingeld zu geben. Schwieriger wird es, Notwendiges zu geben und doch

94

noch unseren gewohnten Lebensstandard beizubehalten. Angesichts von wirklicher Armut fühlen wir uns hilflos. Was können wir schon tun, um die zahllosen, scheinbar ausweglosen Situationen zu beheben?

Als ich in Eile wieder von jener Frau in Paris fortlief, die gerade aus einer psychiatrischen Klinik entlassen worden war, tat ich es, weil ich in Wirklichkeit nicht wusste, was ich tun sollte oder was angemessen gewesen wäre. Ich hatte Angst, in einen Strudel der Armut zu geraten. Es ist tatsächlich ein ungeheuer riskantes Unternehmen, offen zu sein. Man riskiert gesellschaftliche Stellung, Macht, Geld und sogar Freundschaften und damit die Anerkennung und das Gefühl des Dazugehörens, das doch so wichtig ist, und riskiert das Chaos des Einsamseins.

Etliche Jahre war ein Ehepaar, gute Freunde von mir, mit einigen anderen Ehepaaren gut befreundet. Die Gruppe machte sich viele Gedanken über die zunehmende Kluft zwischen den Reichen und den Armen in ihrer Stadt, und sie wollten etwas dagegen unternehmen. Meine Freunde wurden all der langatmigen Diskussionen überdrüssig und beschlossen, auf eigene Faust etwas zu unternehmen. Sie verließen die Gruppe und zogen in einen armen Stadtbezirk. Die anderen aus der Gruppe betrachteten sie plötzlich als „Verräter" und wollten mit ihnen nichts mehr zu tun haben. Mir macht dies deutlich, dass – wenn wir uns tatsächlich auf die Ausgegrenzten oder an den Rand Gedrängten einlassen – wir das Risiko eingehen, von unseren Verwandten und Freunden angegriffen zu werden. Wenn man die Lebenskultur der eigenen Freunde und Verwandten verlässt, kann es sein, als wandere man in eine andere Welt aus.

Wir suchen ein gewisses Maß an Sicherheit, um in Frieden leben zu können. Das Gefühl der Sicherheit erwächst aus der Art, wie wir leben, und ergibt sich daraus, dass uns Angehörige und Freunde umgeben und ermutigen. Wenn es gut geht, erleben wir das an unserem Arbeitsplatz und in unseren täglichen Routinen. In diesem Kontext kann Unvorhergesehenes eine Krise auslösen. Vom „Bekannten" ins „Unbekannte" zu ziehen kann für uns Verlust bedeuten. Um ein solches Verlusterlebnis zu verkraften, bedarf es eines hohen Maßes an innerer Stärke.

Es kann ziemlich leicht fallen, einem Bettler, der an die Tür klopft, etwas zu essen zu geben. Aber wenn er dann wiederkommt und gleich noch einige Freunde mitbringt – was tut man dann? Das kann völlig ratlos und unsicher machen. Es fühlt sich an, als segle man auf einem Meer und sähe keinen Horizont oder als befinde man sich ohne Karte in völlig unbekanntem Gebiet. Da meldet sich plötzlich die Angst, dieser Bettler konfrontiere uns damit, unseren bisherigen Lebensstil zu ändern.

Außerdem kennen wir die Angst vor dem Hässlichen und Schmutzigen. Wir möchten uns von allem abkehren, was Versagen, Schmerz, Krankheit und Tod unter der hell bemalten Oberfläche unseres wohlgeordneten Lebens zutage fördert. In unserer Zivilisation geht es zumindest ein Stück weit darum, so zu tun, als sei alles viel besser, als es in Wirklichkeit ist. Wir möchten alle an einem glücklichen Ort leben, wo jedermann freundlich und gut ist und für sich selbst sorgen kann. Wir ignorieren die eigene Schwäche und die Schwäche bei anderen. Wir stellen uns dem Schrei der Bedürftigen gegenüber taub. Es ist ziemlich leicht, in die Illusion zu verfallen, unsere Welt sei wunderschön, wenn man das Vertrauen verloren hat, man sei fähig, aus unserer gebrochenen Welt etwas Schöneres zu machen.

(5) Der Ursprung dieser Ängste

Wo liegt der Ursprung dieser Ängste, die uns daran hindern, selbst energisch einiges beizusteuern zu dem, was wir uns doch von Herzen wünschen: zu einer besseren Welt?

Ich glaube, die Ursprünge der Ängste vor Abweichlern und Anderssein, vor Versagen und Verlust und auch die Angst vor dem Hässlichen und Schmutzigen rühren an Ängste, die wir in unserer Kindheit erfahren haben. Eltern können ihren Kindern das Gefühl vermitteln, sie müssten sich ihre Liebe verdienen, und diese sei eine Belohnung für gutes Verhalten. Unter solchen Umständen haben Kinder das Empfinden, vollkommen sein und zuerst den Ansprüchen ihrer Eltern entsprechen zu müssen, damit sie deren Liebe bekommen. Sie sollen also erst ihren Wert beweisen. Damit wird für sie die Realität verschleiert, dass jeder Mensch in sich einen einmaligen, wunderbaren Wert hat.

In seinem Buch *Der Weg des Menschen* sagt der jüdische Religionsphilosoph MARTIN BUBER: „Mit jedem Menschen ist etwas Neues in die Welt gesetzt, was es noch nicht gegeben hat, etwas Ernstes und Einziges ... Jeder Einzelne ist ein neues Ding in der Welt, und er soll seine Eigenschaft in dieser Welt vollkommen machen."[1]

Aber wie können Kinder spüren, dass sie einmalig sind, wenn sie den Erwartungen ihrer Eltern entsprechen sollen? Erst wenn Kinder so akzeptiert werden, wie sie sind, mit ihren einmaligen Gaben und Grenzen, wenn man ihnen zuhört und sie achtet, werden sie später in der Lage sein, andere zu akzeptieren. Liebe und Achtung sind genau wie Angst und Vorurteil ein Erbe, das von einem Menschen an den nächsten weitergegeben wird. Die Verlagerung vom Suchen nach Bestätigung zum Übernehmen von Verantwortung und zum Offensein für die, die anders sind, erfordert eine Bewusstseinsveränderung. Es ist, als werde ein Panzer aufgebrochen, damit nach und nach daraus der wirkliche Mensch hervorkommen kann.

---

[1] Martin Buber, *Der Weg des Menschen nach der chassidischen Lehre.* Lambert Schneider, Heidelberg 1972, 13.

Ein Hauptgrund dafür, dass wir uns gegenseitig misstrauen und dazu neigen, uns in einander gegenseitig ausschließenden Gruppen zusammenzurotten, liegt darin, dass die meisten von uns Liebe nur in sehr unvollkommener Form erfahren. Wenn ich entdecke, dass ich als Mensch mit allen meinen Stärken und Schwächen akzeptiert, geliebt bin und dadurch gewahr werde, dass ich in mir ein Geheimnis trage, das Geheimnis meiner Einmaligkeit, dann kann ich anfangen, mich für andere zu öffnen und auch deren Geheimnishaftigkeit zu achten. Damit legt sich die Angst vor jedem anderen. Ich fange an, ihn in mein Leben einzubeziehen, ihm freundschaftlich zu begegnen und Geschwisterlichkeit zu empfinden.

Wenn man sich der Einmaligkeit anderer bewusst wird, spürt man damit auch deutlicher, dass uns allen das eine und einzige Menschsein gemeinsam ist. Grundsätzlich sind wir alle gleich wertvoll, unabhängig von Alter, Geschlecht, Rasse, Kultur, Religion, Begrenztheiten oder Behinderungen. Wir alle haben verletzliche Herzen und bedürfen der Liebe und Wertschätzung. Wir alle sind seelisch verwundet worden und haben das Vertrauen in das Tiefste in uns mehr oder weniger verloren. Wir möchten als wertvoll anerkannt sein, unsere ureigenen Fähigkeiten entwickeln und in eine größere Freiheit hinein wachsen.

Solange uns nicht deutlich aufgeht, dass wir alle Mitglieder ein und derselben einen Menschheit sind, einander brauchen und einander helfen können, verstecken wir uns weiterhin hinter Gefühlen des Elitären, der Überlegenheit und hinter den Mauern von Vorurteilen, raschen Verurteilungen und Abneigungen, die solche Gefühle errichten.

Jedes Menschenwesen, so klein oder schwach es auch sein mag, hat der Menschheit etwas zu bringen. In unserem herrlichen Universum gibt es Sonnen und Sterne und die Vielzahl von Tieren und Pflanzen, die wertvoll sind in ihrer Schönheit, in ihren heilenden Eigenschaften und ihren

Fähigkeiten, Leben zu nähren. Jeder noch so winzige Teil unseres Körpers ist wichtig und hat seinen Anteil daran, zu unserem Wohlbefinden beizutragen.

Genauso kann jeder Mensch, ob klein oder groß, seinen Anteil zur Welt beitragen. Wenn man anfängt, andere wirklich kennen zu lernen und sich ihre Lebensgeschichten anzuhören, sieht man alles mit ganz neuen Augen. Dann beurteilt man einander gegenseitig nicht mehr nach Begriffen des Andersseins, des Wissens oder der Gruppenzugehörigkeit, sondern entsprechend dieser Begegnungen von Herz zu Herz. Das hat zur Folge, dass eine Veränderung einsetzt vom Ausgrenzen zum Einbeziehen, von der Angst zum Vertrauen, von der Abkapselung zur Offenheit, vom Verurteilen und von Vorurteilen zum Verzeihen und Verstehen.

Diese Wandlung vollzieht sich im Herzen des Menschen. Man beginnt, einander als Brüder und Schwestern der einen Menschheitsfamilie zu sehen und wird nicht mehr von Angst geleitet, sondern von einem aufgeschlossenen Herzen.

Vom Ausgrenzen zum Einbeziehen

Wie gelangt man von der Haltung des Ausgrenzens zur Haltung des Einbeziehens?

Wenn ich vom „Einbeziehen" von Menschen spreche, sei es von Menschen mit Behinderungen, von Bettlern wie LAZARUS oder Aidskranken, dann meine ich damit nicht die Gründung besonderer Schulen oder Heime oder die Einrichtung gut funktionierender Suppenküchen oder neuer Kliniken. Das alles ist natürlich auch notwendig. Ich will damit auch nicht nur sagen, man solle zu solchen Menschen gütig sein, weil auch sie Menschenwesen sind. Es geht auch nicht darum, ihnen zur „Normalität" zu verhelfen, damit sie „genau wie wir" sein und in die Kirche und ins Kino oder ins örtliche Freibad gehen können. Wenn ich vom Einbeziehen derer spreche, die an den Rand gedrängt sind, geht es mir um das Wecken der Einsicht, dass sie uns allen etwas zu geben haben, jedem von uns als Einzelpersonen und auch als Gruppen und Organisationen und der Gesellschaft insgesamt.

Meiner Überzeugung nach leben Ausgeschlossene Werte, die auch wir entdecken und leben sollten, damit wir ganz Mensch werden. Es geht also nicht nur darum, Ausgeschlossenen Gutes zu tun, sondern für sie offen und sensibel zu sein, um von ihnen die Art Leben zu empfangen, die sie zu bieten haben. Wir sollten uns mit ihnen anfreunden. Wenn wir damit beginnen, Benachteiligte in unser Leben zu integrieren und mit ihnen eine Beziehung von Herz zu Herz zu knüpfen, verwandeln sie etwas ganz Wichtiges in uns: Sie regen uns dazu an, viel mehr gegenseitiges Vertrauen zu wagen, uns Zeit zum Zuhören und zum Beieinandersein zu nehmen. Sie holen uns aus unserem Individualismus und Machtbedürfnis heraus und führen uns hin zur Zusammengehörigkeit und Offenheit für andere. Sie bauen Vorurteile und Schutzmauern ab, die für „übliche" Ausgrenzungen maßgebend sind. Und schließlich wirkt sich dies auch auf die von uns gebildeten Organisatione aus und erschließt neue Möglichkeiten von Zusammensein und gemeinsamem Weitergehen.

Damit öffnet sich die Einbahnstraße, in der „die vorne" denen „weiter hinter" sagen, was sie zu tun und zu denken haben und wie sie sein müssen, zur Straße in beide Richtungen. Wir hören auf das, was sie, die „Außenseiter" und „Fremden", zu sagen haben, und akzeptieren, was sie uns geben können: ein einfacheres und tiefgründigeres Verständnis dessen, was es heißt, wirklich Mensch zu sein.

Wenn wir anfangen, die Menschen am äußeren Rand der Gesellschaft als Freunde zu sehen, als Menschen, die uns etwas Wertvolles zu geben haben, dann wird die soziale Pyramide, deren Spitze die Mächtigen, Gebildeten und Reichen bilden, zum offenen Raum des Dazugehörens, in dem jeder Mensch seinen Platz findet und wir in gegenseitigem Vertrauen miteinander leben.

Ist dies eine utopische, unrealistische Vision? Ich meine: nein. Wenn sie zuerst auf der primären Ebene realisiert wird – in Familien, Gemeinden und Gemeinschaften und anderen überschaubaren Räumen des Dazugehörens, dann kann diese Vision nach und nach unsere Gesellschaft im Großen durchdringen und sie mehr und mehr vermenschlichen.

Ich schlage hier ganz und gar nicht vor, dass jeder von uns alle, die am Rand der Gesellschaft leben, unverzüglich zu sich in sein Haus holen sollte. Worum es mir vielmehr geht, ist, dass jeder gemäß seiner ganz persönlichen Gaben und Schwächen sein Herz für einige wenige Menschen öffne, die anders sind als er selbst. Er könnte mit ihnen Freundschaft schließen und dadurch von ihnen ganz neue Impulse für sein Leben erhalten. Würden dies viele tun, dann würden sich auch nach und nach unsere Gesellschaften verändern. Es ist der Weg des Herzens.

Das Herz

Das Herz – Herz als Metapher, als Quellort aller Beziehungen – meint das Tiefste in uns. Dieses Herz ist es, das mich mit anderen Herzen verbindet. Es führt mich über den eingeschränkten und ausgrenzenden Bereich meines Dazugehörens hinaus, damit ich anderen begegne und sie so schätze, wie sie sind. Ein kleines Kind ist noch ganz Herz. Es blüht in Herz-Beziehungen auf. Seine Freude sprudelt aus Beziehungen. Es wächst und reift durch sie. Wenn es in herzlicher Kommunikation mit jemandem ist, dem es ganz vertraut, fühlt es sich sicher und sich seiner selbst als einmalig, wichtig und liebenswert bewusst. So wird es für sein ganzes weiteres Leben ermächtigt, seinerseits für andere offen zu sein. Dieses Gefühl der Ermächtigung wird sich auch in seinem gesamten Lebenseinsatz auswirken.

Ein Mensch zu sein, der sich kreativ einsetzt, heißt, energiegeladen, stark, aktiv und gemeinsam mit anderen kooperativ zu sein. Ein kommunikativer Mensch zu sein bedeutet zugleich, verletzlich und sensibel zu sein. Es bedeutet, sein Herz zu öffnen, mit anderen Hoffnungen und Schmerzen zu teilen, sogar sein Versagen und das, was in einem zerbrochen ist.

Ist mein Herz gebrochen, so fühle ich mich am Boden zerschmettert, in tiefe Depression verfallen und nicht mehr zum produktiven Schaffen fähig. Oder ich sperre mich gegen alle persönlichen Beziehungen und stürze mich wie wild in die Arbeit. Ist mein Herz dagegen erfüllt, so leuchtet es auch noch in meinem alltäglichen Schaffen auf.

Jeder von uns hat schon erlebt, welch verwandelnde Kraft die Liebe hat. Selbst ein Verhärteter, Verbitterter sieht sich und das Leben in einem neuen Licht, wenn er sich verliebt und spürt, dass er geliebt wird. Einen verliebten Menschen erkennt man leicht. Bei ihm scheinen aggressive oder depressive Neigungen gänzlich zu verschwinden; sie wandeln sich zu sympathischer Offenheit. Statt sich hinter Barrikaden zu verschanzen, wird der verliebte Mensch offen und zugänglich. Man kann ihm deutlich eine neue Freiheit, Güte und Zärtlichkeit ansehen.

Mir geht es hier darum, sich zu erinnern, dass ein Menschenwesen mehr ist als seine Kraft oder seine Fähigkeit zu denken und etwas zu leisten. In jedem Erwachsenen ist immer auch das Kind verborgen, das lieben will und lieben kann. Der Raum, in dem wir anderen wirklich begegnen, mit ihnen leiden und uns mit ihnen freuen, ist unser Herz. Es ist der Raum, in dem wir uns mit ihnen eins fühlen und solidarisch sein können. Wenn wir lieben, sind wir nicht allein. Das Herz ist der Raum unseres „Einsseins" mit anderen.

Der Weg des Herzens erfordert allerdings eine Entscheidung. Man kann sich entscheiden, diesen Weg einzuschlagen und Menschen als Menschen statt als Maschinen zu behandeln. Den Koch in einem Hotel können wir als jemanden ansehen, der fürs Kochen bezahlt wird, oder auch als Menschen mit einem Herzen. Dieser Mensch hat vielleicht Kinder oder steckt gerade in einer Ehekrise und braucht darum Verständnis und Liebe. Jedem Menschen als Menschen zu begegnen bedeutet, sich um ihn zu kümmern, ihm zuzuhören, ihm wohlgesinnt zu sein und ihm zu wünschen, er möge heil, frei, wahrhaftig und verantwortlich sein.

Wenn ich vom Herzen spreche, meine ich damit nicht verschwommene Gefühle, sondern den innersten Kern unseres Wesens. In diesem Kern wissen wir alle, dass wir noch stärker, wahrhaftiger und lebendiger sein könnten. Unsere Herzen können hart wie Stein oder zart wie Fleisch sein. Wir sollten alles tun, unsere Herzenskraft zu stärken und zu nähren. Wenn dies geschieht, werden wir sensibler für uns selbst und für andere, für ihre Bedürfnisse, ihr Rufen, ihren inneren Schmerz, für ihre Zärtlichkeit und ihr Geschenk der Liebe.

Doch unsere Herzen sind nie ganz rein. Es gibt Menschen, die geradezu nach Liebe schreien, vor allem wenn sie als Kinder zu wenig Liebe erfahren haben. Es gibt „Liebes"-Beziehungen, die ungesund sind, weil sie in der Flucht vor Wahrheit und Verantwortung leben. Es gibt ungute Freundschaften, weil der eine es nicht wagt, dem anderen die Wahrheit zu sagen. Das sind Anzeichen eines unreifen

Herzens. Ein unreifes Herz kann uns zu destruktiven Beziehungen verleiten und schließlich zur Depression und zum Tod.

Erst wenn ein Herz in der Liebe reif geworden ist, kann es den Weg der Unsicherheit wagen und dabei sein Vertrauen ganz auf Gott setzen. Ein solches Herz vermag kluge Entscheidungen zu treffen. Es hat zu unterscheiden gelernt und kann die Risiken auf sich nehmen, die lebendig machen. Es ist fähig, auf Menschen innerhalb und außerhalb des Raums des Dazugehörens zuzugehen. Es kann sich auf Menschen einlassen, die ausgegrenzt werden. Das Herz ist es, was uns unser gemeinsames Menschsein entdecken hilft und uns alle miteinander verbindet. Es vermag dies sogar stärker als alle Bande, die uns als Mitglieder einer bestimmten Gruppe zusammenhalten. Das Herz spürt dann nicht mehr das Bedürfnis, andere zu beherrschen. Ein freies Herz setzt auch die anderen frei.

Beziehungen von Herz zu Herz, in denen Gott gegenwärtig ist, sind wichtiger als die Anerkennung durch eine Gesellschaft oder eine Gruppe. Das Dazugehören zu einer Gruppe ist wichtig; es ist der „Boden", in dem wir zu wachsen vermögen. Doch gelegentlich müssen wir die wohltuende Gutheißung durch die Gruppe hinter uns lassen und sogar Ablehnung auf uns nehmen, um dem treu zu bleiben, was die Alten die „scientia cordis", das „Herzenswissen" nannten. Es verleiht die innere Kraft, die aus der Erfahrung fließende Wahrheit höher anzusetzen als das Bedürfnis nach Anerkennung. Das Herzenswissen gestattet es uns, mit anderen verletzlich zu sein, vor ihnen keine Angst zu haben, sondern ihnen zuzuhören, ihre Schönheit und ihren Wert zu sehen, sie mit all ihren Ängsten, Bedürfnissen und Hoffnungen zu verstehen, ja sie sogar in Frage zu stellen, wenn es notwendig ist. Es ermöglicht uns, andere so anzunehmen, wie sie sind, und ihnen zuzutrauen, dass sie sich noch weiter zur Fülle entfalten.

Das reife Herz versucht nicht, anderen die eigenen Überzeugungen aufzudrängen. Es will niemandem einen bestimmten Glauben aufzwingen. Es versucht vielmehr zu hören, wozu das Herz des Anderen berufen ist. Es richtet und verurteilt niemanden, sondern ist auf Versöhnung bedacht. Ein solches Herz verfügt über ein Mitempfinden, das im Anderen die Gegenwart Gottes erkennt. Es lässt sich von ihm in unbekanntes Gelände führen. Dieses Herz regt uns zum Weiterwachsen, zur Veränderung und zur Entwicklung an, damit wir eine immer noch größere Fülle unseres Menschseins leben.

Der Weg des Herzens

Ich entdeckte den „Weg des Herzens" in der „Arche" als eine Form der Begegnung, bei der an erster Stelle die Menschen stehen und man zu ihnen eine persönliche Beziehung knüpft. Diese Weise, auf jeden Einzelnen zuzugehen und zu jedem ein gütiges und liebevolles Verhältnis zu suchen, fiel mir nicht leicht. Ich trat schon sehr jung in die Marine ein, mit dreizehn, einem Alter, in dem jeder noch sehr prägsam ist. Meine gesamte Ausbildung war darauf angelegt, mich zu einem rasch reagierenden, kompetenten, effizienten Menschen zu machen, und das wurde ich auch. Als Marineoffizier und noch lange danach war ich ein eher spröder Mensch, der auf Effizienz, Pflicht, Gebet und gute Taten gegenüber anderen gedrillt war, sowie auf philosophische und theologische Studien. Meine Energien waren zielorientiert.

Von Anfang an, seit 1964, bot mir die „Arche" eine eindrucksvolle Lernerfahrung. Sie hat mich in die Welt unkomplizierter Beziehungen, des Spaßmachens und Lachens miteinander eingeführt. Sie hat mich auch neu auf meinen

Körper zurückverwiesen; denn behinderte Menschen können mit intellektuellen oder abstrakten Gesprächen nicht
viel anfangen. Natürlich gibt es Zeiten, in denen man sich
mit ihnen ernsthaft unterhält. Man spricht mit ihnen über
Grundwirklichkeiten des Lebens wie Geborenwerden und
Sterben, Sexualität, Gebet und Gerechtigkeit u. a. Sie brauchen Arbeitszeiten, in denen sie erleben können, was sie zustande zu bringen vermögen. In ihrer Freizeit widmen sie
sich vor allem lustigen Dingen, Spielen und Feiern. Ihr Leben ist nicht nur auf Geistiges konzentriert. So kommt es,
dass mich geistig behinderte Menschen aus meiner sehr
ernsthaften Welt in eine Welt des Feierns, des zweckfreien
Daseins und Lachens einführten: in die Welt des Herzens.

Wenn wir mit anderen Gemeinsamkeit pflegen, werden wir
für sie offen und verletzlich. Wir offenbaren einander unsere Bedürfnisse und Schwächen. Macht und Klugheit
wecken Bewunderung, schaffen aber auch eine gewisse
Trennung voneinander, ein Gefühl der Distanz. Wenn ich
zu einem anderen aufblicke, werde ich daran erinnert, dass
ich selbst so nicht bin und etliches so nicht kann. Wenn ich
dagegen Schwächen und Bedürfnisse mit anderen teile,
führt mich dies mit ihnen zum „Einssein". Ich habe ein
offenes Herz für die, die mich lieben. In diesem Zusammensein entdecke ich die tiefste Schicht meiner selbst: das Bedürfnis, geliebt zu werden und jemanden zu haben, der mir
vertraut und mich schätzt und nicht zuerst darauf achtet,
wie gut ich arbeiten kann oder wie schlau oder interessant
ich bin. Wenn ich entdecke, dass ich auf diese Weise geliebt
werde, lasse ich meine Masken oder Schranken fallen, hinter denen ich mich gewöhnlich verberge, und damit fängt
neues Leben zu fließen an. Ich muss meinen Wert nicht beweisen; ich bin frei, ich selbst zu sein. So finde ich zu einer
neuen Ganzheit, einer neuen inneren Einheit.

Ich sehe gern kleinen Kindern zu, wenn sie miteinander spielen und plaudern. Sie kümmern sich nicht darum, was die Leute meinen. Sie müssen nicht versuchen, schlau und wichtig zu wirken. Sie wissen, dass man sie liebt; sie sind noch frei, sie selbst zu sein. Wenn sie dann in die Pubertät und ins Erwachsenenalter kommen, achten sie mehr auf ihre Wirkung auf andere. Sie verlieren eine gewisse Freiheit, die sie später vielleicht wiederfinden, wenn sie entdecken, dass man sie so liebt und akzeptiert, wie sie sind, und daher nicht mehr ängstlich darauf bedacht sein müssen, bei niemandem einen „schlechten Eindruck" zu machen.

Die geistlichen Meister, von denen uns in den heiligen Schriften berichtet wird, erzählen gern Geschichten, um damit bestimmte Wahrheiten zu offenbaren und die Herzen aufzuwecken. JESUS redete in Gleichnissen. Chassidische Juden und Sufi-Lehrer erzählen Fabeln. Auch die heiligen Schriften der Hindus sind voller Geschichten. Geschichten scheinen neue Liebesenergien freizusetzen. Sie erzählen uns mit einfachen persönlichen Worten große Wahrheiten und wecken unsere Sehnsucht nach noch mehr Licht. Geschichten haben eine eigenartige Anziehungskraft. Wenn man Geschichten erzählt, rührt man fast unvermeidlich die Herzen an. Erklärt man stattdessen Theorien oder trägt Ideen vor, so mag sie der Geist vielleicht aufnehmen, aber das Herz bleibt von ihnen unberührt.

Zeugnis zu geben besteht darin, seine eigene Geschichte zu erzählen. In der „Arche" erzählen wir sehr gerne unsere Geschichten darüber, wie behinderte Menschen uns verwandelt haben. Diese Geschichten offenbaren deren Liebe und Einfachheit und erzählen von ihrem Mut, ihrem Leid und ihrer Nähe zu Gott. Es fällt einem ziemlich schwer, in allgemeiner Form interessant über behinderte Menschen zu sprechen; die Zuhörer spricht das meistens nicht besonders an. Erzählt man dagegen konkret die Geschichte eines bestimmten Menschen, so berührt das den Zuhörer ganz anders.

Hört man sich die Geschichten anderer an, die genauso lebten wie man selbst, aber sich aufrappelten und neue Hoffnung fanden, so schöpft man auch selber wieder Hoffnung. Geschichten über die Umwandlung von Totem zu Lebendigem streuen Hoffnungssamen aus. So lassen Sie mich jetzt einige Geschichten erzählen.

Zunächst soll es die Geschichte von ANTONIO sein, der viele Menschen auf den Weg des Herzens gebracht hat. ANTONIO kam als 20-jähriger in unsere Gemeinschaft in Trosly (Frankreich), nachdem er schon viele Jahre in einer Anstalt verbracht hatte. Er konnte nicht gehen, nicht sprechen und auch seine Hände nicht gebrauchen. Zum Atmen brauchte er zusätzlichen Sauerstoff. Er war also in vielerlei Hinsicht ein sehr schwacher, gebrechlicher Mensch; aber er verfügte über ein unglaubliches Lächeln und wunderbar strahlende Augen. In ihm gab es keinerlei Wut oder Depression. Das heißt nicht, dass er nicht etwa gelegentlich gereizt reagierte, vor allem dann, wenn sein Badewasser zu heiß oder zu kalt war oder wenn ihn seine Betreuer vergessen hatten. Doch weit wichtiger war, dass er seine Grenzen und Behinderungen angenommen, sich selbst so akzeptiert hatte, wie er war. ANTONIO konnte seine Liebe nicht dadurch zum Ausdruck bringen, dass er großzügig etwas verschenkte oder für andere etwas tat; dafür war er viel zu bedürftig. Stattdessen lebte er ein Leben vollkommenen Vertrauens. Dadurch rührte er die Herzen vieler an. Wenn jemand mit vollem Vertrauen liebt, gibt er nicht Dinge, sondern sich selbst, und damit stiftet er eine Gemeinschaft der Herzen.

ANTONIO rührte und erweckte die Herzen vieler Betreuer, die mit ihm zusammenlebten. Er führte sie auf den Weg des Herzens. Immer wieder hörte ich von ihnen: „Antonio hat mein Leben verändert. Er hat mich aus einer Gesellschaft des Konkurrenzkampfs, in der man stark und aggressiv sein muss, in eine Welt der Zärtlichkeit und gegenseitigen Achtsamkeit eingeführt, in der jeder Mensch, mag er stark oder schwach sein, seine Gaben einbringen kann."

Unlängst erhielt ich einen Brief, in dem es unter anderem hieß: „Vor zwei Wochen starb mein Bruder. Er war mein ältester Bruder. Vor sechs Jahren hatte er einen Herzanfall, von dem ihm ein Gehirnschaden zurückblieb. Seine letzten Lebensjahre verbrachte er in einem Pflegeheim. An seiner Beerdigung nahmen überraschend viele Krankenschwestern und Pfleger teil. Sie brachten eine solche Trauer zum Ausdruck, dass ich zutiefst bewegt war. Als mein Bruder vor sechs Jahren mit dem Tod rang, war ich wütend auf Gott. Was sollte das für ein Leben sein für einen Menschen, der sich immer vor dieser Art Ende so gefürchtet hatte, wie es ihm jetzt beschert wurde? – PETER gab anderen in seinen letzten Jahren so viel. Eine Krankenschwester sagte mir: ‚Wenn ich mich niedergeschlagen fühlte, ging ich immer zu PETER, und seine gute Laune richtete dann meine Laune auch wieder auf.'"

Was geschah nun tatsächlich mit diesen Betreuern, als sie eine Beziehung von Herz zu Herz mit ANTONIO oder anderen Menschen wie ihm eingingen? Was schenkte PETER dieser Krankenschwester? Menschen wie ANTONIO und PETER sind Meister in der Kunst, den Weg des Herzens zu lehren. Für sie ist genau wie für Kinder oder für ältere Menschen, die einen Teil ihrer Fähigkeiten verloren haben, die rationale, von der Gefühlswelt abgeschnittene Sprache außer Reichweite. Ihnen bleibt zur Kommunikation „nur" noch der Weg des Herzens.

Der holländische Priester HENRI NOUWEN widmete viele Jahre seines Lebens der „Arche"-Gemeinschaft „Daybreak" in Richmond Hill bei Toronto (Kanada). Er war für viele in unserer Gemeinschaft der geistliche Führer und auch mittels seiner vielen Bücher zahllosen Menschen außerhalb. In einem seiner letzten Bücher mit dem Titel *Adam und ich* erzählt er, wie sein Leben durch die Bekanntschaft mit einem Mann mit schweren körperlichen und geistigen Behinderungen umgewandelt wurde. Er sagte von ihm: „Das ist der Mensch, der mich stärker als je ein anderer mit meinem inneren Selbst in Kontakt brachte, mit meiner Kommunität und mit meinem Gott. Das ist der Mensch, den zu betreuen ich gebeten wurde, der mich jedoch auf unglaublich intensive Weise in sein Leben und sein Herz aufnahm. Er ist mein Berater, mein Lehrer, mein Führer, der nie ein Wort zu mir zu sagen vermochte, mir jedoch mehr als jedes Buch, jeder Professor und jeder geistliche Berater beigebracht hat." [2]

Freiheit von Konformität

Vor einigen Jahren machten etliche aus unserer Gemeinschaft eine gemeinsame Wallfahrt nach Rom. Wir bekamen bei Papst JOHANNES PAUL II. eine Privataudienz. Während wir sein Kommen erwarteten, ging FABIO, ein junger Behinderter, nach vorn und setzte sich auf den Sessel des Papstes. Das war offensichtlich die beste Sitzgelegenheit im Raum, und deshalb fühlte sich FABIO von ihr besonders angezogen. Die in der Nähe stehenden Bischöfe wussten nicht, was sie tun sollten. Doch ein Betreuer half FABIO, einen anderen Sessel finden, der fast genauso bequem war.

---

[2] Henri J. M. Nouwen, *Adam, God's Beloved*, Orbis Maryknoll, New York 1997, 101; Copyright © 1997 by the Estate of Henri J. M. Nouwen, mit eingeholter Erlaubnis. Deutsch: Adam und ich – Eine ungewöhnliche Freundschaft. Freiburg i. Br. ²2000.

Ich hätte nie gewagt zu tun, was FABIO tat. Ich neige wie viele von uns dazu, mich dem anzupassen, was von mir erwartet wird, und scheue mich davor, gegen Normen zu verstoßen oder gegen das, was meine „Oberen" von mir erwarten. Steckt da in mir eine Angst, als schuldig betrachtet zu werden, wenn ich mich gegen die Norm verhalte? Oder habe ich Angst davor, dass mich jemand wütend zurechtweisen könnte?

Manche Menschen lieben es, im Boot zu schaukeln oder sonst etwas Unerwartetes zu tun, einfach, um andere vor den Kopf zu stoßen oder ihre Aufmerksamkeit zu erregen. Doch behinderte Menschen verstoßen nicht gegen Normen, um andere vor den Kopf zu stoßen. Es ist einfach ihre Art, die aus ihrem intuitiven Sinn für innere Freiheit fließt.

Behinderte Menschen verfügen über die Freiheit, wütend zu werden und anschließend, wenn sie merken, dass sie jemanden verletzt haben, um Verzeihung zu bitten. Dann ist die Sache erledigt. Da glimmt keine Glut mehr weiter, die beim geringsten Anreiz wieder aufflammen könnte. Die Echtheit ihrer Reue berührt mich immer wieder tief.

Stammt sie daher, dass sie wenig Empfinden für Zeit und Geschichte haben, also die moralischen Zügel nicht kennen, die die Erinnerung unserem Verhalten anlegt? Viele unserer Handlungen werden ja von der Erinnerung an Vergangenes und der Voraussicht auf Folgen bestimmt. Doch viele geistig Behinderte haben kaum Sinn für Vergangenes und auch nicht für Zukünftiges, sondern leben ganz in der Gegenwart. Sie haben keine großen Pläne für morgen. Pläne sind etwas für Menschen mit größerer Autonomie und der Fähigkeit, ihr Leben so zu gestalten, wie sie es wollen. Behinderte schreien nicht nach Macht oder Erfolg. Sie setzen ihre Energien dafür ein, die Wärme menschlicher Beziehungen zu suchen.

Ich beobachte, wie viele von uns ständig auf die Uhr schauen und an ihren nächsten Termin denken, den nächsten Vortrag, eine einzuhaltende Frist. Geistig behinderte Menschen sind nicht auf die gleiche Weise von der Zeit beherrscht. Sie leben voll in der Gegenwart, manchmal voller Freude, manchmal wütend und gewöhnlich im Vertrauen auf die Gegenwart von Menschen, die sie mögen.

Vorurteile fallen

Wenn sich der „Arche"-Gemeinschaft neue Betreuer anschließen, sind sie oft noch von Vorurteilen der Wettbewerbsgesellschaft erfüllt, aus der sie kommen. Dann entdecken sie ANTONIO mit seinem Herzen voller Liebe, mit seiner Freundlichkeit, der Annahme seiner selbst und seiner Hingabe an den gegenwärtigen Augenblick, und zwar all dies verborgen hinter der Schwäche und Hinfälligkeit seines Körpers. Ihnen gehen dann erst so richtig die Intoleranz, der Mangel an Liebe, ja die Grausamkeit ihrer Kultur und vielleicht sogar ihrer Kirche auf. Sie fangen an wahrzunehmen, dass es bei der Frage, wie man voll und ganz Mensch wird, nicht darum geht, sich an das zu halten, was alle tun, und sich sozialen Normen anzupassen oder es in einer hierarchisch aufgebauten Gesellschaft zu Bewunderung und Ehren zu bringen. Vielmehr geht es darum, in Freiheit mehr und mehr man selbst zu sein, seinen tiefsten Gewissensregungen zu folgen, Wahrheit zu suchen und Menschen so zu lieben, wie sie sind.

Beim Gedanken des Einbeziehens geht es um die Überzeugung, dass jeder von uns wirklich wichtig, einmalig und heilig ist. Wir können nur dann zu anderen Beziehungen knüpfen und anfangen, sie in unser Leben und unsere Gesellschaft einzubeziehen, wenn wir zu dieser Grundüberzeugung stehen. Das bedeutet: Wir helfen einander zu einer Art neuer Geburt, dass wir einander achten und ehren.

Dabei führt uns die Liebe anderer unseren eigenen Wert vor Augen. Werden wir dagegen für wertlos gehalten, verschließen wir uns. Gerecht sein bedeutet mehr, als sich an Gesetze zu halten und niemanden zu verletzen. Gerecht sein heißt auch, jeden einzelnen Menschen zu achten und zu schätzen.

Gerechtigkeit fließt aus dem Herzen. Ist es nicht ein deutlicher Hinweis auf unser Menschsein, wenn Menschenwesen nach Gerechtigkeit schreien und wir alle von Taten der Ungerechtigkeit tief aufgewühlt werden? Unsere ureigenen Grundbedürfnisse sind die gleichen wie die aller anderen Menschenwesen auch. Wir brauchen Menschen, die das Kostbarste in uns wecken, genau wie wir in anderen das Kostbarste in ihnen wecken können.

Wenn wir in eine persönliche Beziehung mit jenen eintreten, die anders sind oder an den Rändern der Gesellschaft leben, hat dies die erstaunliche Wirkung, dass wir unsere eigene Kultur mit viel kritischeren Augen zu sehen vermögen. Wir erkennen die tiefen Vorurteile, die es darin gibt. Ich will Ihnen ein Beispiel geben.

Vor kurzem traf ich einen Mann, der vor etlichen Jahren einige Zeit in unserer Gruppe gelebt hatte. Er stammt aus einer algerischen Familie und hat eine leichte geistige Behinderung. Auf Grund seiner sonstigen Fähigkeiten und weil er fleißig arbeitete, konnte er eine Arbeitsstelle finden und wieder selbstständig leben. Wir begegneten uns auf dem Bahnhof und fuhren miteinander nach Paris. Als ich mit ihm zusammen war, merkte ich, wie sensibel ich für die Art wurde, mit der die Leute ihn anschauten. Ich konnte die Angst oder Antipathie in ihren Augen spüren, weil er nordafrikanische Gesichtszüge trug.

Wenn wir uns mit den aus unserer Gesellschaft Ausgeschlossenen verbünden, werden wir nicht nur fähig, die Menschen als Menschen zu sehen und uns ihnen bei ihrem

Kampf um Gerechtigkeit, um Anerkennung seitens der Gemeinschaft und um Möglichkeiten des Dazugehörens anzuschließen, sondern wir entwickeln auch ein kritischeres Auge dafür, was in unseren Gesellschaften wirklich schief läuft.

Dieses Abbauen innerer, durch unsere Vorurteile bedingter Schranken ist ein wichtiger Faktor bei unserem Reifen zu größerer persönlicher Freiheit. Es fällt uns nicht leicht, ein kritisches Auge auf unsere eigene Kultur zu werfen. Die Identität des Einzelnen ist derart mit der Kultur verwoben, dass jede Form eines sie betreffenden kritischen Urteils die Stabilität unserer inneren Welt ins Wanken bringen kann. Wir sind wie Kinder, die ihr ganzes Vertrauen auf ihre Eltern gesetzt haben. Wenn wir ahnen oder sehen, dass unsere Eltern Unrecht tun, bricht unsere innere Welt zusammen. Wir verlieren unsere Orientierungspunkte und kommen uns verloren vor. Unsere Weisheit allerdings nimmt zu, wenn wir ein kritisches Auge nicht nur auf uns selbst haben, sondern auch auf die Gruppe, der wir angehören. Erst dann erwacht der Wunsch in uns, auf Veränderungen hinzuarbeiten.

Sich mit einem an den Rand gedrängten, ausgegrenzten Menschen anzufreunden bedeutet, einen Schritt in ein selbst gewähltes Exil aus einem Großteil der Welt zu tun. Das ist ein Schritt in Richtung Freiheit. Damit beginnt der Weg zur persönlichen Reife, der neue Wertmaßstäbe setzt. Der erste Schritt dazu ist, nach neuen Werten zu leben. Er wirkt aber noch nicht sofort in der Weise, dass man dadurch ein anderer Mensch wird.

Mensch werden

Der bekannte französische Geologe XAVIER LEPICHON zeigt in seinem faszinierenden Buch *Aux Racines de l'homme* (*Die Wurzeln des Menschen*), wie Menschen durch verschiedene Stadien der Menschheitsentwicklung hindurch immer menschlicher wurden, indem sie sich um die Schwachen kümmerten und sich der Wirklichkeit des Leidens und Sterbens widmeten. Das ist auch meine persönliche Erfahrung. In dem Maß, wie der Mensch sein Herz öffnet und mitempfindet, entdeckt er sein grundsätzliches Einssein und seine Gemeinschaft mit allen Menschen.

Es mag paradox erscheinen, wenn ich sage, dass mich behinderte Menschen gelehrt haben, was Menschsein heißt, und dass sie mir eine neue Vision dafür eröffnet haben, wie unsere Gesellschaft sein könnte: eine menschlichere. Mit ihnen und durch sie habe ich die Freude am Feiern, an der Liebe, der Arbeit und der Kommunikation in gegenseitigem Respekt und mit viel Lachen entdeckt. Dadurch ist mir auch deutlicher aufgegangen, wie daraus Spiritualität erwächst, d. h., dass man ganz menschlich ist oder vielmehr, dass Spiritualität darin besteht, ganz Mensch zu sein, was wiederum unser Leben und Menschsein prägt. Ich habe den Wert der Psychologie und Psychiatrie entdeckt, deren Einsichten Knoten in uns lösen, das Leben wieder zum Fließen bringen und uns zu echterem Menschsein helfen können.

Aus ganz persönlicher Erfahrung weiß ich auch, wie uns Religion für das Universum, die Liebe zu allen Menschen und vor allem für die Quelle alles Lebens und aller Liebe, für Gott und die Begegnung mit ihm, öffnen kann. Diese Begegnung mit Gott – so mein Eindruck – ist nicht in erster Linie für besonders Kluge und Ehrenwerte gedacht, sondern für Schwache und Demütige und für alle, die sich der Liebe öffnen, also für die, welche den Weg des Herzens einschlagen.

Einfachheit

Die Zärtlichkeit ist die Körpersprache, mittels derer sich eine Mutter dem Kind in ihren Armen mitteilt, eine Krankenschwester die Wunde eines Patienten versorgt oder ein Betreuer einen Schwerbehinderten badet.

Unlängst beobachtete ich in einem buddhistischen Kloster eine Schwester, die uns mit großem Feingefühl Essen und Tee auftrug. Es wirkte auf mich, als sei die Mahlzeit etwas Heiliges und offenbare die Gegenwart Gottes. So war es tatsächlich; denn so wurde sie vollzogen. Die Körpersprache der Zärtlichkeit bringt Achtung zum Ausdruck. So ehrt der Körper alles, was er berührt. Er ehrt die Wirklichkeit. Er verhält sich nicht so, als müsse diese Wirklichkeit verändert oder in den Griff bekommen werden. Die Wirklichkeit gehört den Menschen und Gott. Sollten wir auf diese zärtliche Weise nicht mit allen Lebewesen umgehen: mit Pflanzen, Tieren und der Erde?

Der Prophet JESAJA schreibt über den Messias:

„Er schreit nicht und lärmt nicht
und lässt seine Stimme nicht auf der Straße erschallen.
Das geknickte Rohr zerbricht er nicht,
und den glimmenden Docht löscht er nicht aus."

Jesaja 42,2–3

Zärtlichkeit kennt keine Angst. Zärtlichkeit ist nicht Schwäche, Mangel an Stärke oder Rührseligkeit. In der Zärtlichkeit wohnen Stärke, Achtung und Weisheit. Ein zärtlicher Mensch weiß, wie und wann er jemanden berühren kann, um ihm zum *Sein* und zum *Wohlsein* zu verhelfen. Dank meines Kontakts mit RAPHAEL und PHILIPPE, den beiden ersten, die ich in die „Arche" aufnahm, und meiner unzähligen anderen Lehrmeister unter den Behinderten habe ich auf bescheidene Weise gelernt, in meinem

Körper zu leben und ihn nicht nur als Medium der Therapie zu betrachten, sondern als Möglichkeit, mein Herz zu offenbaren und in Kommunion mit anderen zu sein.

Ich habe von der Art gesprochen, wie die Kommunion, das Zusammensein, in sich die Kraft birgt, einander Schönheit und Wert zu offenbaren und wie uns das wirklich zu uns selbst befreit. Aber für dieses Zusammensein ist es unerlässlich, dass man behutsam auf die nicht-verbale Sprache des anderen achtet. Ich bezeichne diese Sprache als nicht-verbal, weil in der Welt der Freundschaft und Beziehung gewöhnlich dem Wort Gesten vorausgehen. Ein Wort dient dazu, eine Geste zu bestätigen und ihr ihre Bedeutung zu geben.

Ich erkenne jetzt, dass mir dieses Zusammensein mit behinderten Menschen und die dabei herrschende Zärtlichkeit geholfen haben, eine neue innere Ganzheit zu finden: das Einssein von Gefühlsleben und Verstand in mir.

Der Weg des Herzens ist der Weg zur Heilung unserer tiefsten Gefühle und Bedürfnisse. Er führt über das Zusammensein und die Hingabe seiner selbst. Doch kommt dieser Heilungsprozess nie vollkommen an sein Ende. Wir müssen unablässig weiter darum ringen. Aber wenn wir aufmerksam und andächtig sind, uns konsequent auf die Wahrheit ausrichten und uns nicht von Reichtum, Macht, Bekanntheitsgrad, Vergnügen und anderen psychischen Bedürfnissen verführen lassen, können wir auf diesem Weg zum Heilwerden weiterschreiten. Ich bin den Behinderten dankbar, die mich auf diesen Weg des Herzens geführt haben, der der Weg zum Heilwerden ist.

Sich selbst annehmen

ANTONIO hat vielen von uns in der „Arche" beigebracht, uns selbst so anzunehmen, wie wir sind. Obwohl er ungemein schwach und gebrechlich war und unter vielfältigen Behinderungen litt, war er ein durch und durch von Freude erfüllter Mensch. Diese Freude strahlte aus seinen Augen und seinem Lächeln und offenbarte seinen inneren Frieden, seine Gelassenheit.

Diejenigen von uns, die Macht und soziales Ansehen genießen, verfügen auch über subtile Möglichkeiten, ihre seelischen Behinderungen, ihre Schwierigkeiten mit Beziehungen, ihre innere Finsternis und Gewalttätigkeit, ihre Depression und ihren Mangel an Selbstvertrauen zu verbergen. Wenn alles gut geht, verfallen wir womöglich in Überheblichkeit oder Stolz; treten Schwierigkeiten auf oder versagen wir, stürzen wir womöglich in Selbstmitleid und Depression.

Es fällt uns sehr schwer, unsere Grenzen und Behinderungen, aber auch unsere Gaben und Fähigkeiten anzunehmen. Wir haben das Gefühl, wenn andere uns so sehen würden, wie wir wirklich sind, könnten sie uns ablehnen. So verbergen wir unsere Schwächen. In gewissen Augenblicken habe ich meine Grenzen zum Beispiel dadurch gespürt, dass mir hinsichtlich mancher Behinderter große Wut und Aggression hochgekommen sind. Das kam wohl daher, weil sie mich zu provozieren schienen. Oder ihre Angst und ihre Gefühle der Einsamkeit habe ich als Anspruch auf meine volle Aufmerksamkeit wahrgenommen zu einem Zeitpunkt, da ich nicht fähig war, sie ihnen zu geben. Oder es war vielleicht deshalb, weil ich mein Unvermögen spürte, ihre Schreie und Ängste beruhigen zu können. Oder lag die Ursache auch noch viel tiefer als alles das? Vielleicht weckten die Ängste der geistig Behinderten meine eigenen Ängste, die seit meiner Kindheit in mir schlummerten.

Manche Behinderte wecken in mir eine zärtliche Reaktion; andere reizen mich zu Schmerz, Angst oder Wut. In einer Welt oft ziemlich intensiver Beziehungen kommt man bald an seine inneren Grenzen, Ängste und Blockierungen. Man kann es förmlich spüren, wie die Wut in einem hochsteigt. Zu Zeiten, in denen ich übermüdet oder überlastet war, kamen mein inneres Leiden und meine Ängste rascher an die Oberfläche. Wenn ich selber gerade in Schwierigkeiten war, fiel es mir schwer, offen, zugänglich und geduldig zu sein, und stieß oft sehr hart an meine eigenen Behinderungen und Grenzen und an meine innere Armut. Das plagte mich zeitweise sehr, vor allem, wenn es andere deutlich spüren konnten.

Aber im Lauf der Zeit ging mir auf, dass es für mich entscheidend war, meine eigenen Behinderungen anzunehmen, wenn ich die Behinderungen anderer Menschen akzeptieren und ihnen helfen wollte, daran zu reifen. Immerhin habe ich damit etliches über meinen eigenen Charakter erfahren. Ich lerne nach und nach, meine eigenen Schattenseiten anzunehmen und an ihnen zu arbeiten, um ihre Macht über mich abzubauen.

Der Weg zum Mitempfinden

Wenn ich mein bisheriges Leben überdenke, so entdecke ich, oder vielleicht richtiger, so spüre ich die Menschen, die mich genau so, wie ich bin, akzeptieren und lieben. Sie verurteilen mich nicht. Ihre Liebe stellt mir keine Bedingungen. Einer dieser Menschen, die mir zu mehr Freiheit mir selbst gegenüber verhalfen, so wie ich war und bin, war Père THOMAS PHILIPPE. Ich begegnete ihm 1950 kurz nach meinem Abschied von der Marine und lebte einige Zeit mit ihm und anderen zusammen, die nach Wahrheit und sinnvollem Leben suchten, und zwar in einer kleinen Gemeinschaft, die er erst kurz zuvor in der Nähe von Paris gegründet hatte.

Nach vielen Jahren, in denen wir uns aus den Augen verloren, trafen wir uns 1963 wieder, als er Hausgeistlicher einer Anstalt für geistig behinderte Männer war. Er war es, der mich zum ersten Mal mit geistig Behinderten zusammenbrachte und mir half, ihren Wert und ihre Wichtigkeit für die Welt zu sehen, weil sie Menschen des Herzens sind. Er ermutigte mich auch zur Gründung der „Arche" und lebte bei uns in der Gemeinschaft bis kurz vor seinem Tod.

Père Thomas war ein Mann des Herzens. Er liebte die Menschen und half vielen, ihr wahres Selbst zu entdecken. Wenn ich mir vergegenwärtige, wie Père Thomas bis heute in meinem Herzen fortlebt, dann spüre ich, wie ein Strom der Nachsicht und der Güte von ihm ausgeht. Er ist wie Wasser, das mich erquickt und mir hilft, wieder Vertrauen in mich und meinen verborgenen Namen zu schöpfen, d.h. in meinen Lebensauftrag und den Grund, aus dem ich geboren wurde. Pére Thomas war ein wirklich freier Mensch und verfügte über eine Ausstrahlung, die auch auf andere überging, um frei zu werden.

Ein offenes Herz zu haben, das Mitempfinden, Verständnis und Nachsicht verströmt, heißt: ein reifer Mensch zu sein. Vielleicht haben wir nur einmal im Leben das Glück, einem solchen Menschen zu begegnen. Man fühlt sich nach der Begegnung mit ihm geläutert und voll positiver Kraft und entdeckt seinen eigenen „verborgenen Namen", und man macht sich auch selber auf den Weg zu größerer Freiheit und steckt damit wiederum andere an, wirkt heilend für sie und findet dadurch für sich selbst Heilung.

Mich spricht besonders ein Wort des Propheten Jesaja an. An einer Stelle sagt er: Wenn man Gott Freude machen wolle, sei es am besten,

„die Fesseln des Unrechts zu lösen,
an die Hungrigen dein Brot auszuteilen,
die obdachlosen Armen ins Haus aufzunehmen ...
Du gleichst (dann) einem bewässerten Garten,
einer Quelle, deren Wasser niemals versiegt."

Jesaja 58,6 f. 11

Die Frage, die wir später noch genauer anschauen, lautet, wie man dieses freie und mitempfindende Herz findet, das sich auch für jene öffnet, die anders sind als man selbst. Wie kann man von einem engen, elitären Begriff des Dazugehörens, eines Dazugehörens, das andere abwertet, zu dieser Freiheit des Herzens gelangen, die jene liebt und schätzt, die ganz anders sind?

AUNG SAN SUU KYI, die Buddhistin, die für ihren Einsatz für Frieden, Menschenrechte und Demokratie in Burma den Friedensnobelpreis erhielt, sagt:

„Alle Schranken von Rasse und Religion lassen sich überwinden, wenn Menschen bei gemeinsamen Unternehmen auf der Grundlage von Liebe und Mitempfinden zusammenarbeiten. Gemeinsam können wir dazu helfen, eine glücklichere, bessere Welt zu entwickeln, in der Habgier, Missgunst und Selbstsucht auf ein Minimum reduziert werden. Das ist kein unpraktischer Idealismus; es ist die ganz nüchterne Anerkenntnis dessen, was wir am dringendsten brauchen.

Manchmal bedarf es des Mutes, sich mit den Schwierigkeiten auseinander zu setzen, die sich uns auf dem Weg der Entwicklung entgegenstellen. Man muss vielleicht unpopuläre Entscheidungen treffen und Vorurteile überwinden. Es kann auch notwendig werden, despotischen Regierungen die Stirn zu bieten und Partei zu ergreifen für die infolge von Unterdrückung und Ungerechtigkeit Darniederliegenden und Unterprivilegierten. Aber ‚die vollkommene Liebe treibt die Angst aus', und alles wird möglich, wenn Werke der Liebe mit echter Liebe im Herzen angepackt werden."[3]

Wollen wir den Daniederliegenden beistehen und sie nie aus unserem Leben ausgrenzen, sondern sie einbeziehen, dann gilt es, von den zwanghaften Bedürfnissen nach Erfolg, Macht und Anerkennung freizukommen und auch von früheren Verletzungen, die unser Leben beherrschen und uns von so manchen Menschen abschneiden. Es geht darum, in eine größere Freiheit hineinzuwachsen. Darum soll es in den nächsten beiden Kapiteln gehen.

---

[3] Aung San Suu Kyi in ihrer Rede bei der Entgegennahme des Friedensnobelpreises.

4 Der Weg zur Freiheit

Das vorige Kapitel begann ich mit dem Gleichnis Jesu von LAZARUS, dem armen Bettler. LAZARUS verbringt sein Leben damit, mit hungrigen Augen auf die Brosamen zu starren, die vom Tisch des reichen Mannes fallen, vom Tisch, von dem er ausgeschlossen ist. Nach einiger Zeit, so erzählt die Geschichte weiter, sterben LAZARUS und der reiche Mann. Der Reiche kann von seinem Ort der Qual aus LAZARUS sehen, der glücklich „im Schoß Abrahams" ruht. Er bittet, LAZARUS möge es erlaubt werden, ihm einige Tropfen Wasser zu bringen; aber er bekommt zur Antwort, die Kluft, die sie im Leben voneinander getrennt habe, trenne sie auch jetzt, und dieses Mal unüberwindlich.

Ich komme noch einmal auf diese Geschichte zurück, weil es im Folgenden um den Weg in die Freiheit geht und in vieler Hinsicht die Gedanken weiterführt, die ich zuvor zu entwickeln begonnen habe. LAZARUS ist ein sehr tiefgründiges Bild, bei dem wir noch länger verweilen können.

Mit Ausgrenzung ist im Allgemeinen die Art und Weise gemeint, in der wir andere Menschen ablehnen. Wir tun dies ganzen Klassen und Gruppen an, z.B. allen Armen oder Behinderten. Doch Ausgrenzung hat auch eine ganz persönliche Seite. Zu manchen Menschen fühlen wir uns hingezogen, anderen gehen wir lieber aus dem Weg. Jene, zu denen wir uns hingezogen fühlen, sind oft die, die uns gefallen, die uns helfen und fördern. Ist die Anziehung gegenseitig, kann daraus eine Freundschaft entstehen. Jene aber, die wir lieber meiden, machen uns Angst, vielleicht deshalb, weil auch wir ihnen Angst machen; wir wecken wechselseitige Gefühle der Rivalität und des Unbehagens. Wir errichten Schranken, die eine Offenheit einmal mehr verhindern. Vielleicht haben wir das Gefühl, wir würden etwas verlieren, wenn wir offen wären, würden verletzt oder ausgenutzt. Wir bauen Schranken auf, um unsere Verletzlichkeit zu schützen.

Zusammen kommen wir mit Menschen, wenn wir uns miteinander sicher fühlen. Wir ermutigen und unterstützen einander in den Werten, die wir für wichtig halten und die unser Leben fördern. Die Kehrseite von Vorlieben sind unvermeidlich Abneigungen und Ängste, und wir lassen uns mehr oder weniger von Vorlieben und Abneigungen leiten, von tief in uns steckenden Instinkten und Zwängen, d. h.: Wir sind nicht wirklich frei.

Diese in uns wirkenden Kräfte verstehen wir nur unvollkommen; viele von ihnen sind uns noch nicht einmal bewusst. Tieren sind ähnliche Instinkte eigen. Sie vermögen unmittelbar zu spüren, ob zum Beispiel ein Geruch, ein Geräusch oder die Bewegung eines Busches gefährlich sind oder nicht. Wir Menschen haben Instinkte, die uns dazu dienen, aus schwierigen Situationen herauszukommen oder das zu finden, was wir zum Weiterleben brauchen. Unser Gehirn deutet die feinsten Signale und löst sehr rasche Reaktionen aus. Die Fähigkeit, subtile Zeichen der uns umgebenden Welt zu lesen, ist im Menschen hoch entwickelt. Warum ist das so?

Rein psychologisch gesehen, wollen wir uns mit uns selbst wohl fühlen; daher halten wir Ausschau nach positiver Bestätigung seitens der uns Umgebenden. Wir brauchen es, anerkannt und geschätzt zu werden; wir brauchen das Gefühl, dass jemand uns liebt und sich um uns sorgt. Wir brauchen das Bewusstsein, dass uns jemand vermisst, wenn wir abwesend sind. Genauso instinktiv, wie wir atmen, fliehen wir vor jenen, denen gegenüber wir Hilflosigkeit, Unzulänglichkeit, Abwertung oder Angst empfinden, also all das, was uns ein schlechtes Gefühl von uns selbst gibt. Das geschieht weithin unbewusst; aber wir können uns dieser Bedürfnisse bewusst werden, genau wie wir uns unseres Atems bewusst werden können. Wir wählen z.B. sehr bewusst unsere Freunde aus, weil wir mehr oder weniger bewusst spüren, welches Gefühl von uns selbst eine solche Freundschaft uns geben und ob sie uns helfen wird, im Leben voranzukommen und den Schmerz der Einsamkeit zu lindern.

Die Freiheit der Wahl

Wir sind mehr oder weniger von Instinkten und Antrieben bewegt, die in den wohltuenden und den schmerzlichen Erfahrungen unserer Kindheit grundgelegt wurden. Über diese Antriebe haben wir nur wenig Kontrolle; dennoch sind wir mehr oder weniger frei zu entscheiden, ob und wie wir sie befriedigen.

Was uns ein gutes Gefühl von uns selbst gibt, ist von Mensch zu Mensch verschieden. Für viele ist materieller Erfolg sehr wichtig. Klassische Ziele sind etwa: berufliche Karriere, Steigerung des Einkommens, Erlangen von Ehre und Anerkennung, Erwerb von Privilegien. Manche finden, was sie sich wünschen, im Kreis einer liebevollen, glücklichen Familie und guter Freunde. Für andere besteht das Ziel eher darin, kreativ zu sein. Erfolg kann sogar heißen, ein genialer Gauner zu sein! Ein Mann in einem amerikanischen Gefängnis sagte einmal zu einem meiner Freunde: „Ich bin der beste Autodieb von ganz Cleveland, und darauf bin ich mächtig stolz!" Dieser Freund war Priester, Gefängnisseelsorger, nicht wenig erfolgreich und bewundert, und zwar auf seinem eigenen Gebiet als Priester und Prediger.

Erfolgreich zu sein, bewundert zu werden setzt voraus, dass man in dem, was man tut, kompetent ist. Aber den meisten genügt es nicht, nur in irgend*etwas* gut zu sein. Sie spüren, dass sich ein echtes Erfolgsgefühl erst einstellt, wenn sie von anderen als Person anerkannt und für ihr Tun geschätzt werden. Der Wunsch nach dieser Art Erfolg und Wertschätzung kann etwas sehr Gutes sein; denn er ermutigt uns, qualifiziert und mit Engagement zu arbeiten. Doch kann uns dieser Wunsch nach Erfolg auch davon abbringen, uns gerecht zu verhalten und auch für andere da zu sein.

Frei zu sein heißt wohl auch, Gerechtigkeit, Wahrheit und den Dienst an anderen über und vor seinen eigenen persönlichen Gewinn oder über sein Bedürfnis nach Anerkennung, Macht, Ehre und Erfolg stellen zu können. Wer sich an Macht und Erfolg für sich selbst klammert oder fürchtet, seinen sozialen Status zu verlieren, leugnet in gewisser Weise sein Menschsein; er wird zum Sklaven seiner Bedürfnisse und ist so nicht wirklich frei.

1944 verübten Nazisoldaten in Marzobotto, einer Kleinstadt bei Bologna, an zweitausend Zivilisten ein grausames Massaker. Sie taten es als Vergeltung für Sabotageakte durch Mitglieder der italienischen Widerstandsbewegung. Ein junger deutscher Soldat jedoch weigerte sich, an diesem Massaker teilzunehmen, und wurde erschossen. Dieser Mann war frei, wirklich frei. Er setzte Wahrheit und Gerechtigkeit höher als den Gehorsam gegenüber seinen Vorgesetzten und gegenüber seinem eigenen Willen, um jeden Preis zu überleben. Er weigerte sich, sich dem Bösen zu unterwerfen.

Die Geschichte der Menschen kennt zahllose freie Männer und Frauen, die auf persönlichen Gewinn und Vorteil, auf Reichtum und Macht verzichteten, weil sie nach ihrem Gewissen und gemäß ethischer Grundsätze in Wahrheit und Gerechtigkeit leben wollten. Wir hören heute viel von solchen Menschen, z. B. in Algerien, Ruanda, dem früheren Zaire, in Palästina, China und an vielen anderen Orten; wir hören von Menschen, die sich auf die Seite der Armen und Unterdrückten stellen, im Geist der Menschenrechte Unrecht anklagen, Gerechtigkeit, Gleichbehandlung und Redefreiheit einfordern. Sie werden ins Gefängnis geworfen, gefoltert und getötet.

Es gibt auch viele Menschen, die in weniger extremer Weise auf materiellen Reichtum verzichten, um ein Leben des Dienstes für Bedürftige zu führen. Sie verschenken ihre Zeit, ihre Energie und ihr Wissen, damit andere Essen und Kleidung haben, Unterkunft finden und in Frieden leben können.

Und wir wissen, dass die, die Gutes tun, es aus sehr unterschiedlichen Motiven heraus tun. Einem nach außen großzügigen Verhalten kann das innere Bedürfnis nach persönlicher Bestätigung zugrunde liegen und gelegentlich sogar das Bedürfnis, Macht, auch spirituelle Macht, über andere auszuüben.

Derartige Bedürfnisse können unter Umständen die Energie dazu liefern, sein Leben zwar auf andere auszurichten und sich für das Wohl der Menschheit einzusetzen, aber blind zu sein für die eigene Motivation und so mehr oder weniger ichbezogen zu bleiben. Solche persönliche Motivation bedarf der gründlichen Läuterung, da die Taten großzügiger Nächstenliebe erst dann dem inneren Wachstum und der Erfüllung anderer dienen statt der eigenen Selbstverherrlichung. In dem Maß, wie wir nicht mehr von derartigen Bedürfnissen und Motivationen besetzt sind, werden wir wirklich frei.

Aber wie findet man auf diesen Weg zur Freiheit? Im Evangelium gibt es eine Geschichte, die davon erzählt, wie zwei Brüder ganz gegensätzliche Bedürfnisse in ihrem Leben haben. Es ist das Gleichnis Jesu vom verlorenen Sohn. Der jüngere der beiden Brüder bat seinen Vater um den ihm zustehenden Teil des Erbes, zog dann fort und verprasste alles. Im Elend gelandet und voller Heimweh beschloss er, wieder heimzugehen und seinen Vater um Verzeihung zu bitten. Vielleicht, so dachte er, würde ihn sein Vater wieder aufnehmen, und sei es auch nur als Knecht in seinem Haus.

Der Vater, dem der Auszug seines Sohnes ungemein weh getan hatte, wartete jeden Tag auf dessen Rückkehr. Ein Tages sah er schon von weitem, dass er tatsächlich wieder heimkam, und lief ihm voll Freude entgegen. Dann rief er seine Knechte, ließ seinen Sohn in Festkleider hüllen und veranstaltete ein großes Fest.

Der ältere Sohn war hierüber äußerst wütend. Er hielt seinem Vater vor: „Du gibst ein großes Fest für diesen Nichtsnutz von Bruder, der dein Vermögen verjubelt hat. Für mich aber, der ich immer treu bei dir zu Hause gearbeitet habe, hast du noch nie ein solches Fest gegeben." Der Vater aber blieb bei seiner Freude. „Mein Sohn war verloren und hat sich wiedergefunden."

Der jüngere Sohn hatte den Drang verspürt, von seiner Familie wegzugehen. Heute würden wir vielleicht sagen, er wollte sich selbst finden. Er mochte sich dabei im Einzelnen unklug verhalten haben, aber er riskierte es wegzugehen, selbstständig zu leben und etwas Neues zu suchen, nur auf sich gestellt und frei. Der ältere Sohn tat andererseits etwas ganz und gar Übliches: Er suchte seinem Vater zu gefallen, indem er daheim blieb.

Ich vermute allerdings, dass keiner der beiden Söhne seinen Vater wirklich richtig kannte. Der jüngere Sohn konnte sich gar nicht vorstellen, dass sein Vater ihn einfach so liebte, wie er war, obwohl dieser ihm die Freiheit ließ, den eigenen Weg zu gehen. Der ältere Sohn erkannte ebenfalls nicht, dass er, indem er daheim blieb, von seinem Vater zu Liebe und Mitempfinden berufen sei.

Diese kurzsichtigen Haltungen der beiden Söhne gibt es

auch in vielen Menschen unserer Zeit. Es gibt jene, die geistig frei sein und sich auf das Wagnis neuer Wege einlassen wollen. Und es gibt die anderen, die ein stärkeres Bedürfnis danach haben, alles recht zu machen und sich an die Normen zu halten.

Der jüngere Sohn setzte sich von seinem Vater ab, um sich selbst zu finden. Der ältere Sohn suchte in allem seinem Vater gerecht zu werden. Beide Männer wurden genau wie die meisten von uns von Kräften getrieben, die sie kaum begriffen. Wichtig ist allerdings, sich nach und nach dessen bewusst zu werden, was uns antreibt, immer mehr in echter Freiheit unseren persönlichen Weg zu wählen und unsere Überzeugungen durch unser konkretes Leben zu ratifizieren, und zwar nicht aus dem Bedürfnis nach Auflehnung oder Anpassung, sondern um sich von einem sinnvollen, größeren Lebenssinn her zu engagieren, sich für die Gerechtigkeit und Freiheit aller einzusetzen und so auch anderen Menschen zu helfen, wahrhaftig zu leben.

Unsere vielfältigen Befürchtungen, Ängste und Bestrebungen führen uns manches Mal zu Verhaltensweisen, die wir gar nicht richtig verstehen. Wir können von starken Impulsen in Richtung Sicherheit, Ruhe und dessen, was üblicherweise als Erfolg gilt, beherrscht sein. Die gleichen Antriebe können uns dazu bewegen, vor allem zu fliehen, was uns Angst macht: vor Ablehnung, vor Gefühlen der Hilflosigkeit und Unfähigkeit, vor Konflikten. Wirklich frei zu werden bedeutet, der Wahrheit und Gerechtigkeit den Vorrang zu geben vor dem Wunsch, um jeden Preis seine eigenen zwanghaften Bedürfnisse zu befriedigen. Allerdings scheint dies höchst paradox: Diese Bedürfnisse sind Teil unserer selbst; wir brauchen sie, um im Leben voranzukommen; jedoch müssen wir zugleich lernen, sie freiheitlich zu beherrschen, statt uns von ihnen aus Gewohnheit beherrschen zu lassen.

Wir können ja auf ein bestimmtes Ziel so fixiert sein, dass wir andere Seiten unseres Wesens als Mensch vernachlässigen. So ging es auch mir. In den Augen mancher war die Hingabe, mit der ich meinem Beruf als Marineoffizier lebte, etwas Lobenswertes, und ich bin mir sicher, so war es auch. Aber zugleich bedeutete diese einseitige Hingabe eine Verarmung meines Wesens; denn andere wichtige Aspekte – mein Herz, meine Intelligenz – ließ ich mehr oder weniger brachliegen.

Ich denke, wir Menschen haften so oder so an Zwängen. Manche spüren ein zwanghaftes Bedürfnis, anderen zu helfen und für sie etwas zu tun, vielleicht sogar im Namen Gottes oder der Gerechtigkeit. Sie verausgaben sich, setzen sich mit allen Kräften ein und erhalten dafür Liebe und Wertschätzung. Häufig jedoch sind solche Menschen unfähig, sich Zeit zu nehmen, sich frei um sich selbst zu sorgen. Sie wirken wie ausgebrannt. Schließlich kann sich das Beste in ihnen ins Schlimmste verkehren. Ihr ständiges Sich-Verausgaben kann sie irgendwann sogar ins Scheitern führen, weil es mehr einem Bedürfnis danach entstammte, gebraucht und geliebt zu werden, als dem reifen und freien Wunsch, anderen zu Wohlbefinden und Freiheit zu verhelfen.

Wenn ich anderen Menschen wirklich dienen möchte, muss ich ihre ureigenen Bedürfnisse verstehen. Wie aber kann ich das, wenn ich nicht einmal meine eigenen Bedürfnisse bis auf den Grund durchschaue und achte? Geht es beim Engagement für andere im Grunde und in Wahrheit wirklich darum, dass sie immer freiere Menschen werden und auch von uns nicht mehr abhängig sind?

Manche Menschen sind von einem zwanghaften Bedürfnis getrieben, Macht und Kontrolle über andere zu haben. Sie sind selber womöglich schrecklich unsicher und haben vor der Freiheit der anderen Angst. Was könnte passieren, wenn sie nicht mehr alles unter Kontrolle hätten? Wer oder wie wären sie ohne dieses zwanghafte Bedürfnis? Sie mögen durchaus kompetent sein und andere unterweisen und anleiten, aber ihr Bedürfnis nach Macht, Kontrolle und gelegentlich auch nach spiritueller Macht macht sie in Wahrheit unfrei. Es führt sie von wirklicher Liebe und von der Hingabe ihrer selbst immer mehr weg. Ihre Kompetenz und ihre Macht werden ihnen zum Verhängnis.

Andere empfinden auf Grund ihrer Unsicherheit das Bedürfnis nach Dazugehören. Sie sind immerzu auf Bestätigung durch andere aus. Dazuzugehören bedeutet für sie eine Art sicheres Versteck. Sie passen sich an und haben Angst davor zu offenbaren, wer sie wirklich sind; das Beste in sich selbst lassen sie gar nicht ans Tageslicht kommen. Das macht sie für Kreatives unfähig. Sie neigen zu legalistischem Verhalten. Sie benutzen Religion und Ethik, sich überlegen zu fühlen. Dahinter verbirgt sich jedoch das unerlöste Bedürfnis, als gut, wertvoll, treu und gar heilig angesehen zu werden. So dienen ihnen Religion und ethische Werte nicht länger dazu, für andere offen zu sein und das Wagnis wahrer Liebe einzugehen, sondern sie missbrauchen sie zur Verstärkung ihres vermeintlich positiven Bildes von sich selbst: ihres Gefühls der Überlegenheit und ihres Bewusstsein, zu einer Elite zu gehören.

Die Quelle zwanghafter Bedürfnisse: Angst

Das zwanghafte Bedürfnis nach Erfolg und danach, etwas für andere zu tun und besser zu sein als sie, kann geradezu zur Sucht werden. Sucht stachelt Menschen ständig zu gleichem Weitermachen an. Im Laufe der Jahre zehrt Sucht ihre gesamte Energie auf, bis sie schließlich nichts anderes mehr anzieht und interessiert. Ja, Sucht kann regelrecht zum

Charakterzug werden und hervorbringen, was ich das „falsche Selbst" nenne.

Werden diese zwanghaften Bedürfnisse, wird diese Sucht nicht gestillt, so stellt sich gähnende Leere ein. Das ist ein Gefühl, dass etwas fehlt, und meist ist dies mit Angst verbunden. Der Betreffende fühlt sich verloren oder verwirrt. Es fühlt sich so an, als wisse er gar nicht mehr, wer er eigentlich ist. Er befindet sich dann in einer ganz ähnlichen Lage wie Menschen mit den bekannten Symptomen des Drogenentzugs: Es braucht oft lange Zeit, bis er neue Interessen und Wünsche entdeckt, bis sich seine innere Leere wieder mit Perspektive füllt und so allmählich ein neues Selbst entsteht.

Menschen haben das Bedürfnis, auf der Gewinnerseite zu stehen, alles im Griff zu haben, geliebt zu werden. Genauso werden sie von Ängsten umgetrieben: von inneren Blockierungen, von der Furcht vor bestimmten Beziehungen, von Konfliktscheu. Diese Zwänge treiben an, und zugleich bremsen sie. Sie lassen uns in uns selbst befangen sein, machen uns einerseits blind für eigene Grenzen und die eigene Gebrochenheit sowie andererseits für unsere Schönheit und die Gaben derer, die anders sind als wir. Wenn wir uns von unseren Zwängen beherrschen lassen, können andere für uns leicht zur Bedrohung werden. Sie scheinen dem im Weg zu stehen, was wir so dringend brauchen: Liebe, Erfolg, Anerkennung, Bestätigung.

Jesus war ein scharfsinniger Psychologe. Er sagte:

„Wie kannst du zu deinem Bruder sagen: Lass mich den Splitter aus deinem Auge herausziehen – und dabei steckt in deinem Auge ein Balken? Du Heuchler! Zieh zuerst den Balken aus deinem Auge, dann kannst du versuchen, den Splitter aus dem Auge deines Bruders zu ziehen."

Matthäus 7,4 f

132

Andere zu verurteilen und ihre Mängel und Grenzen zu sehen ist ziemlich leicht. Aber wie schwierig ist es, sie bei uns selbst zu erkennen? So halten wir uns entweder für wunderbar und tun, als seien wir der Mittelpunkt der Welt, oder wir finden uns abscheulich und halten uns im Vergleich mit anderen Menschen für benachteiligt und minderwertig. Rein menschlich gesehen, scheint es fast unmöglich, sich seiner Grenzen, Fehler und Schwächen voll bewusst zu sein, sie anzunehmen und daran weiter zu wachsen, um mitfühlender zu werden.

Mitfühlen ist Reife. Reife aber besteht im Annehmen. Genau genommen heißt reif sein, sich selbst mit seinen eigenen Schwächen und Fehlern anzunehmen und genauso alle anderen Menschen mit den ihrigen. Reife bedeutet folglich zu entdecken, wer und wie wir selbst sind. SOKRATES gab die Anweisung: „Erkenne dich selbst." Dies ist und bleibt eine menschliche Not-wendigkeit. In dem Maß, wie man sich selbst mit seinen Gaben und Schwächen, seiner Sehnsucht nach Wahrheit und Gerechtigkeit sowie seinen Zwängen und Blockierungen erkennt, nimmt man seinen ureigenen Platz in der Gesellschaft ein, und zwar jede und jeder genau dort, wo sie oder er sich befindet, und genau dort setzt man sich für Frieden, Einheit und Gerechtigkeit ein. Das tut man dann allerdings auf wirklich ganzheitliche Weise.

Wir brauchen Wegzeichen dafür, was wir einerseits in uns selbst annehmen und stärken, was wir andererseits ändern oder anders ausrichten sollten. Möglicherweise verfügen wir bereits über solche Wegzeichen, aber wir können sie nur schwer ins Wort bringen und ihnen Kontur geben, weil sie so tiefgründig sind, da sie der Kategorie der Grundprinzipien menschlichen Lebens angehören. Ein solches Grundprinzip ist für mich z. B. die Würde des Lebens: Ich glaube an die Heiligkeit jedes Menschenwesens und daran, dass jeder von uns dazu berufen ist, in Fülle zu leben.

Wir können nur dann Erfüllung finden, wenn wir alle gemeinsam darauf hinarbeiten, eine Gesellschaft zu gestalten, in der jeder Einzelne seine narzisstischen und egozentrischen Neigungen, die ihn in sich selbst gefangen halten, angstfrei hinter sich lässt, um zu einer Haltung grundsätzlicher Offenheit für alle anderen zu gelangen. Der Einzelne findet nur dann seine wirkliche Erfüllung, wenn er daran mitwirkt, dass die ganze Menschheit zu größerer Fülle gelangt. Die wesentlichen Grundlagen der Freiheit sind zum einen die ehrliche Annahme seiner selbst sowie zum anderen der Wunsch, in Wahrheit, Gerechtigkeit und Liebe mit anderen zu leben.

Unsere Denk- und Verhaltensmuster sind in sich weder gut noch schlecht, aber sie können belastend und ungesund wirken. Wollen wir menschlich reifen, müssen wir uns ihrer deutlich bewusst werden und bei jedem Vorhaben entscheiden, ob es für die jeweiligen Umstände angemessen ist.

ARISTOTELES vergleicht die menschlichen Leidenschaften mit Pferden vor einem Wagen, die über ein Eigenleben verfügen. Wir sind die Wagenlenker, die das Verhalten der Pferde einzuschätzen, sie richtig zu zügeln und zu lenken haben, damit die Fahrt dorthin geht, wohin wir kommen wollen. Folglich besteht unsere Aufgabe einerseits nicht darin, unsere Leidenschaften und Impulse zu unterdrücken oder völlig abzublocken. Wir sollen uns jedoch andererseits nicht von ihnen tyrannisieren lassen. Es geht in Wahrheit darum, sie zu aller Menschen Wohl in die gewünschte Richtung zu lenken. Auf diese Weise wird es möglich, die Erfüllung unseres eigenen Menschseins zu finden und gemäß unserer persönlichen Gaben zur Erfüllung des Menschseins anderer beizutragen.

Erst wenn es uns gelingt, uns nicht mehr von unseren Zwängen oder Leidenschaften beherrschen zu lassen, schlagen wir den Weg in Richtung Freiheit ein. Frei sind wir dann, wenn wir anfangen, Gerechtigkeit, von Herzen kommende Beziehungen, den Dienst für andere sowie die Wahrheit höher anzusetzen als unsere eigenen Bedürfnisse nach Liebe und Erfolg, höher auch als unsere Ängste vor Scheitern oder vor Beziehungen mit anderen.

Der Weg zur Freiheit ist nie leicht; er erfordert immer ein mühsames Ringen. Wenn wir uns zu ändern versuchen, um aus unserem Fixiertsein auf uns selbst herauszukommen und in größerer Wahrhaftigkeit zu leben, stellen sich Gefühle des Leidens und der Unlust ein. Wer sich daran macht, sich von seinen Zwängen zu befreien, dem sind zunächst auch Symptome der Trauer und Gefühle innerer Leere nicht fremd.

Zeichen der Freiheit

Worin besteht die Freiheit? Ich will dazu einige Zeilen aus dem Gedicht *If* („Wenn …") von RUDYARD KIPLING zitieren:

> *Wenn du kühlen Kopf behalten kannst,*
> *während alle um dich den Kopf verlieren*
> *und dich anschreien –*
> *Wenn du dein Selbstvertrauen behältst,*
> *obwohl alle an dir zweifeln,*
> *zugleich jedoch ihre Zweifel ganz ernst nimmst –*
> *Wenn du warten kannst und nicht*
> *des Wartens überdrüssig*
> *oder belogen wirst und nicht selbst zu lügen anfängst*
> *oder gehasst wirst und dem Hass in dir*
> *keinen Raum gibst …*[4]

---

[4] Rudyard Kipling, *Poems of Rudyard Kipling*: Gramercy, New York 1995.

Freiheit besteht in der Freiheit der Wahrheit. Jesus sagt: „Die Wahrheit wird euch frei machen." Mangel an Freiheit hat ganz wesentlich mit Angst zu tun, mit der Angst davor, wie die Welt wirklich ist, und mit der Angst vor anderen. Über wenig Freiheit zu verfügen heißt, sich an Illusionen und Vorurteile und gelegentlich sogar an Lügen zu halten. Nicht frei zu sein bedeutet, von Zwängen beherrscht zu sein, statt sie zu beherrschen. Man zwingt dann der Wirklichkeit seine Vorstellungen auf oder möchte die Wirklichkeit mit Gewalt ändern, statt sich ein neues Bild von der Wirklichkeit zu machen. Unfrei zu sein heißt auch zu meinen, nur man selbst verfüge über die Wahrheit, und die anderen sähen alles falsch oder seien dumm. Dies bedeutet, von Vorurteilen beherrscht zu werden.

Im vorigen Kapitel sprach ich von den Ängsten der Menschen vor geistig Behinderten und von den vielen Vorurteilen ihnen gegenüber. Häufig sind diese Ängste grundlos. Manche, die vor geistig Behinderten Angst haben, hatten mit ihnen vielleicht noch nie etwas zu tun. Doch wenn sie dann Behinderte persönlich kennen lernen, verschwinden ihre Ängste und Vorurteile gewöhnlich ziemlich rasch. Jedoch sind bei manchen Leuten die Ängste und Vorurteile derart eingefleischt, dass sie sich von vornherein weigern, sich überhaupt auf einen Behinderten einzulassen. Sie „wissen" bereits, dass Behinderte nichts anderes als „verrückt" oder nutzlos sind. Derartige Vorurteile stammen häufig aus einer großen Angst vor Veränderungen. Die Betreffenden möchten in ihren Sicherheiten nicht erschüttert werden und wollen ihre Wertsysteme nicht in Frage stellen lassen. So wollen sie sich nicht für Menschen öffnen, die anders sind als sie selbst. Menschen mit Vorurteilen sind in Wahrheit unfrei.

Freisein bedeutet, dass man weiß, wer man ist, mit allem Schönen und Gebrochenen, das man in sich hat. Es bedeutet, seine eigenen Werte zu schätzen, zu bejahen und zu entfalten, eine bestimmte Sicht des Lebens und eine Wahrheit zu vertreten und dabei gleichzeitig für andere offen und darüber hinaus für Veränderungen aufgeschlossen zu sein. Wer frei ist, entdeckt, dass die Wahrheit nicht aus einer Sammlung fix und fertiger Gewissheiten besteht, sondern etwas Geheimnisvolles ist, auf das man sich einlässt, Schritt für Schritt, in einem fortwährenden Prozess. Das ist ein Geschehen, bei dem man immer tiefer in eine unauslotbare Wahrheit hinein vordringt.

Auf diesem Weg, seine eigene Erfahrungen und Wertvorstellungen immer wieder mit dem zu vereinbaren, was man im Hören auf andere lernt, kann man in Zonen der Angst geraten. Man muss Verbindungen zwischen Altem und Neuem finden, Verbindungen, die es gestatten, die neuen, das Bewusstsein erweiternden Wahrheiten in das zu integrieren, was man bereits weiß und lebt, also in seine bereits vorhandenen Gewissheiten. In dem Maß, wie die menschlichen Wissenschaften und die Welt sich weiter entfalten, muss man ein neues und tieferes Verständnis der Quelle des Universums und des Lebens entwickeln. Wenn man damit ständig Schritt hält, erweitert sich das eigene Gespür für das Wahre.

Freiheit zeigt sich im Staunen angesichts dieser Quelle und der Schönheit und Vielfalt der Menschen und des Universums. Sie besteht darin, die Höhe und Weite alles dessen, was wahr ist, bewundernd zu betrachten.

Freisein besteht ferner darin zuzugestehen, dass die Gruppe, die Rasse, der Stamm, die Familie, die Gemeinschaft, die Religion, mit denen man lebt, alles andere als vollkommen sind und alle ihre Grenzen und Schwächen haben. Jede Menschengemeinschaft hat ihre hellen und ihre dunklen Seiten. Wir alle sind Teil von etwas Größerem als wir selbst. Wir alle entspringen einer unergründlichen Quelle und sind auf dem Weg in sie zurück, wobei wir das

Licht der Wahrheit und der Liebe in uns tragen. Jeder von uns ist berufen, in Gemeinschaft und Austausch mit der Quelle und dem Herzen des Universums zu leben. Die unendliche Sehnsucht und Unruhe unseres Herzens rufen uns dazu auf, den Kontakt mit dem Unendlichen zu suchen. Niemand von uns kann mit dem Begrenzten und Endlichen zufrieden gestellt werden. Jeder muss frei werden, um dem Geist Gottes folgen zu können.

Diese Freiheit aber zielt auf Liebe, Mitempfinden und darauf, dass wir unser Leben möglichst rückhaltlos und frei an andere verschenken. Es ist die Freiheit zum Gütig- und Geduldigsein. Diese Freiheit sucht nicht persönliche Ehren. „Sie glaubt alles, hofft alles, erträgt alles, hält allem stand" (1 Korinther 13). Freiheit verurteilt oder verdammt nicht, sondern versteht und verzeiht. Freiheit bedeutet die Befreiung von all den inneren Ängsten, die uns dazu verleiten, dass wir uns vor den Menschen und vor der Wirklichkeit verstecken. Sie zeigt sich auch in der schlichten Anerkenntnis der Tatsache, dass wir von Ängsten und Hemmungen besetzt sind und dass wir jene, die wir deshalb verletzt haben, um Verzeihung zu bitten haben.

Von einer bestimmten Art Freiheit weiß ich, dass es sie gibt, ich sie jedoch nicht habe. Ich kann sie nicht genau beschreiben, aber ich möchte sie besitzen. Ich spüre, dass ich noch einen weiten Weg gehen muss, bis ich so frei werde. Ich habe dieses Ziel vor Augen, aber ich bin noch nicht dort. Ich schätze es und möchte es erreichen, aber manchmal habe ich Angst vor dem Weg bis dorthin.

Was mir Angst macht, ist, dass meine Verteidigungsmauern fallen könnten, und ich spüre, dass mich dahinter Schmerz und Verletzlichkeit erwarten. Ich beobachte, dass ich mich immer noch an das hänge, was andere von mir denken, und dass es mir gut tut, bei Leuten beliebt zu sein, ihren Erwartungen zu entsprechen und von ihnen bewundert zu werden. Wenn all das wegfallen würde – wer wäre ich dann? Aber in dieser Richtung liegt die wahre Freiheit: die Freiheit, auch das Abgelehntwerden in Kauf zu nehmen, wenn das der Weg ist, den es einzuschlagen gilt, um in größerer Fülle zu leben. Ist dies nicht die Freiheit, die Jesus in seinen Seligpreisungen nennt, wenn er davon spricht, selig seien, die verfolgt würden, oder wenn er umgekehrt sagt: „Wehe euch, wenn die Leute gut von euch reden"?

Ich möchte auf meine eigene Weise, wenn auch in einem ganz anderen Kontext, mir die Worte von NELSON MANDELA zu eigen machen:

„Wenn ich einem anderen seine Freiheit nehme, bin ich genauso wenig frei, wie wenn jemand mir meine Freiheit nimmt ... Frei sein heißt nicht nur, seine eigenen Ketten abzuwerfen, sondern es bedeutet auch, auf eine Weise zu leben, welche die Freiheit anderer achtet und fördert."

Und er fährt fort:

„Ich bin diesen langen Weg bis zur Freiheit gegangen. Ich habe versucht, nicht zu zaudern; ich habe unterwegs falsche Schritte gemacht. Aber ich habe das Geheimnis entdeckt, dass, wenn man einen hohen Berg erstiegen hat, man dahinter nur entdeckt, dass es viele weitere Berge zu ersteigen gilt. Ich habe mir hier einen Augenblick zum Ausruhen gegönnt, um kurz den Blick auf die herrliche Umgebung zu genießen und auf den weiten Weg zurückzuschauen, den ich schon zurückgelegt habe. Aber ich kann nur einen Augenblick verweilen; denn mit der neuen Freiheit stellen sich neue Verantwortungen ein, und ich darf nicht säumen; es liegt noch ein weiter Weg vor mir."[5]

---

[5] Nelson Mandela, *Long Walk to Freedom*, Little, Brown, New York 1994, 544. Copyright der englischen Fassung © 1994 Nelson Rolihlahla Mandela. Verwendet mit Erlaubnis von Little, Brown and Company.

Mein wichtigster Lehrer auf dem Weg zur Freiheit ist Jesus. Ich bin meiner Kirche dankbar dafür, dass sie mich ihm näher gebracht hat. Seine völlige Freiheit berührt mich tief und zieht mich an, und ich sehne mich nach ihr. Das ist die Freiheit, von der auch der Apostel PAULUS spricht:

> *„Ihr seid zur Freiheit berufen, Brüder und Schwestern! Nur nehmt die Freiheit nicht zum Vorwand für den Egoismus, sondern dient einander in Liebe! …*
> *Die Frucht des Geistes ist Liebe, Freude, Friede, Langmut, Freundlichkeit, Güte, Treue, Sanftmut und Selbstbeherrschung; dem allem widerspricht das Gesetz nicht."*

Galater 5,13. 22 f

Freiheit bedeutet auch den Tod des falschen Selbst

In einem seiner letzten Bücher spricht der Historiker und ökumenische Theologe DONALD NICHOLL von der Befreiung, die sich aus dem Tod des falschen „Ich", des Ego, ergibt:

> *„Japanische Buddhisten sprechen von zwei ‚Ichs': Das eine ist das ‚Ich', das sich von der Psychologie studieren lässt. Es strebt nach der Befriedigung seiner Wünsche, spricht von sich selbst, beobachtet die eigenen Reaktionen, stellt sich selbst dar und ist recht deutlich zu sehen. Dieses wird als shoga bezeichnet und muss vergehen, wenn das andere ‚Ich' richtig geboren werden soll. Dieses andere, als taiga bezeichnet, bezieht sich auf das gesamte Menschenwesen, wenn dieses ganze Wesen vollkommen in einer Strebung und im Gebet aufgeht."*

NICHOLL meint, von etwas Entsprechendem wie diesem zweiten „Ich" sei im Vers 5,2 des „Hohenliedes" in der Bibel die Rede: „Ich schlief (d.h. mein Ego schlummerte), doch mein Herz war wach." Er erläutert dazu: „Wenn das Herz mit seinen tiefsten Strebungen nicht behindert wird, dann muss das Ego, das partielle Selbst, das ständig auf sich selbst achtet und seine Rolle entwirft und spielt, verschwinden."[6]

DONALD NICHOLL rührt hier an eine tiefe Wahrheit. Alle spirituellen Meister sprechen vom Sterben des Selbst, damit ein neues Selbst ans Licht kommen kann. Mit dem falschen Selbst meinen sie nicht nur die sichtlichen Leidenschaften, sondern auch alle verborgenen Zwänge, die uns dazu antreiben, uns selbst immer wieder in vorteilhaftem Licht darzustellen. Jesus sprach von der Freisetzung der Liebe mit den Worten:

„Amen, amen, ich sage euch: Wenn das Weizenkorn nicht in die Erde fällt und stirbt, bleibt es allein; wenn es aber stirbt, bringt es reiche Frucht. Wer an seinem Leben hängt, verliert es; wer aber sein Leben in dieser Welt gering achtet, wird es bewahren bis ins ewige Leben."

Johannes 12,24f

Das hier genannte „Leben" ist dasjenige des falschen Ich, und mit dem „ewigen Leben" ist nicht das Leben nach dem Tod gemeint, sondern das Leben, das wir in der Freiheit der Liebe verwirklichen sollen.

Das Sterben des falschen Selbst, des Ego, fällt Menschen, die ein starkes, eindrucksvolles und dominierendes Selbst aufgebaut haben, besonders schwer. Schwächeren Menschen oder solchen, die nie nach Macht gestrebt haben, fällt es leichter, obwohl es für solche mit mangelndem Selbstvertrauen ebenfalls sehr schmerzlich sein kann.

---

[6] Donald Nicholl, *The Beatitude of Truth: Reflections of a Lifetime*, Hg. Adrien Hastings, Darton Longman and Todd, London 1997, 160f. Zitat mit Erlaubnis der Inhaber der Rechte.

Diese Freiheit, die man auf dem Weg über den Tod des falschen Selbst erreicht, besteht darin, dass man sich selbst so annimmt, wie man ist. Außerdem nimmt man die Welt so an, wie sie ist, und entwickelt auf dieser Grundlage den Willen, sich energisch dafür einzusetzen, dass alle darin besser leben können. Zu dieser Freiheit gehört, dass man nicht der Vergangenheit nachtrauert und nicht mehr in sie zurückkehren möchte. Man klagt nicht laut die Dekadenz oder das Chaos unserer Tage an und schottet sich auch nicht angstvoll in sektiererischen Gruppen gegen den Rest der Welt ab. Auch jammert man nicht, alles sei furchtbar trostlos, und vermutet nicht, das Ende der Welt stehe bevor; denn man lässt sich nicht von den Ungerechtigkeiten der heutigen Zeit lähmen. Umgekehrt heißt es auch nicht, dass man naiv des Glaubens wäre, endlich gehe die Menschheit ihrer Freiheit entgegen, und alles werde nur immer besser. Frei sein heißt, dass man aus dem Chaos neue Wahrheiten auftauchen sieht, weil man erkennt, dass der Geist Gottes über dem Chaos schwebt. So entwickelt man ein Gespür dafür, wie sich nach dem Verblassen der Gewissheiten und Vorurteile von gestern neue und positive Wirklichkeiten abzeichnen.

Jedes Zeitalter und jede Generation werden mit neuen Realitäten, neuen Tragödien, neuen Schwierigkeiten konfrontiert, aber auch mit neuen Wahrheiten. Die Welt und unsere menschlichen Gesellschaften darin sind im Zustand der Weiterentwicklung; jeden Tag kommen neue Dinge ans Licht. Es gibt zahlreiche neue Technologien, die unseren Planeten ruinieren könnten. Tief sitzende Ängste führen viele Menschen und Gemeinschaften dazu, sich abzukapseln. Trotz oder vielleicht gerade wegen all der Ängste, all des Bösen, der Lügen und des Hasses in und um uns müssen wir uns darum bemühen, genau zu unterscheiden, was zu sein und zu tun uns der Geist Gottes ruft.

Der Geist Gottes offenbart unserer Zeit ständig Neues,

sogar eine neue Spiritualität. In den christlichen Kirchen regt sich lebhaft der Wunsch, wieder den Kern der Botschaft der Liebe und der Vergebung freizulegen, statt in Legalismen, Ritualen und Debatten darüber befangen zu bleiben, wer genau alles richtig sehe und wer falsche Ansichten vertrete. Viele Menschen aus ganz unterschiedlichen Religionen verspüren den gemeinsamen Wunsch, sich zu begegnen, sich auszutauschen, in den Dialog miteinander zu treten und gemeinsam zu beten. Dieser Wunsch nach Einheit ist nicht unbedingt weit verbreitet, aber grundsätzlich *gibt es ihn* im Herzen vieler Menschen auf der ganzen Welt. Das ist eine Saat, die wachsen und reiche Frucht bringen wird.

Jeder von uns trägt die Verantwortung, auf das Freiwerden aller Menschen hinzuarbeiten. Auf uns alle wartet viel Neues. Seien wir dafür offen. Unsere Aufgabe ist es herauszufinden, wo und wie sich uns die Wahrheit heute darbietet.

Der Weg zur Freiheit

Ist das eine utopische Vorstellung, ein unmögliches Ideal? Können wir uns wirklich auf den Weg in Richtung Freiheit machen, oder sind unsere Egos dafür viel zu stark und widerspenstig? Sind wir grundsätzlich so programmiert, dass wir uns selbst in die Mitte stellen und alles nur zur Mehrung unseres eigenen Ansehens tun? Haben wir viel zu viel Angst, als dass wir unser wahres Selbst ans Licht kommen lassen könnten? Können wir wirklich aus unserer individuellen und kollektiven Selbstzentrierung und unserem Sicherheitsbedürfnis ausbrechen und uns aktiv für den Frieden und das Gemeinwohl der gesamten Menschheit einsetzen? Können wir vernünftigerweise so wie MARTIN LUTHER KING den Traum von einer Welt haben, in der alle Menschen, gleich welcher Rasse, Religion oder Kultur, mit allen Fähigkeiten oder Behinderungen und unabhängig von ihrer Bildung oder wirtschaftlichen Situation, ihrem Alter oder Geschlecht, ihren Platz finden und ihre besonderen Gaben einbringen können? Dürfen wir auf eine Gesellschaft hoffen, deren Metapher nicht die Pyramide, sondern der Leib ist, an dem jede und jeder von uns eine lebendige Zelle ist, die zur Harmonie und Funktion des Ganzen beitragen kann?

Ich bin der festen Überzeugung, dass wir es können; denn ich glaube, dass der Wunsch nach Frieden, Gemeinsamkeit und allumfassender Liebe stärker und tiefer in uns Menschen verwurzelt ist als das Bedürfnis, aus dem Konkurrenzkampf des Lebens als Sieger hervorzugehen. Doch damit dieser Wunsch zum echten Antrieb wird, der unser gesamtes Tun inspiriert, und damit er all unsere Ängste und unser Bedürfnis, persönlich als Sieger dazustehen, überwinden kann, muss jeder von uns einen Sprung in Richtung Vertrauen machen: zum Vertrauen, dass jeder Mensch zutiefst heilig ist, zum Vertrauen, dass das Universum auf Schönheit angelegt ist, zum Vertrauen, dass wir den kostbaren Schatz finden werden, wenn wir uns aktiv für Frieden und Einheit einsetzen und unser falsches Selbst läutern.

Inspiration oder Berufung zum Vertrauen stellen sich oft in Augenblicken des eigenen Nichttuns, der Gnade ein, in einem gütigen Lichtstrahl, in einem Moment der Bewusstheit, wer wir wirklich sind. Danach müssen wir energische Schritte nach vorn tun und diese Inspiration dadurch stärken, dass wir klare Entscheidungen treffen und uns engagieren.

Jedoch sollten wir nicht naiv sein. Die Kräfte, die das Vertrauen zerstören wollen, sind gewaltig: Es gibt das Böse, den Hass und die Lügen. Es gibt tatsächlich Menschen, die andere unterdrücken, vernichten und töten wollen. Wir alle bedürfen der Hilfe, um klar unterscheiden zu können, wo das Leben und die Wahrheit liegen, aber auch, wo die Illusion und der Tod lauern.

Wie bereits gesagt, ist diese Freiheit nicht nur einer Elite vorbehalten. Für die meisten Menschen ist sie genau wie für mich selbst etwas, um das es mühsam zu kämpfen gilt. Der Weg dorthin ist weit, allerdings auch wirklich lohnend. Manche Menschen scheinen weniger Blockierungen, weniger starke Abwehrmechanismen zu haben, und ihre alten Zwänge scheinen schwächer zu sein. Ich selber habe bewundernswerte Mütter kennen gelernt, die ganzheitlich und ausgewogen lebten. Ich bin weisen, gütigen Männern und Frauen mit einer erstaunlichen Offenheit und Freiheit begegnet. Ich kenne behinderte Menschen mit einer verblüffenden Freiheit; sie scheinen kaum von Vorurteilen befangen zu sein. Es gibt geistig behinderte Menschen mit einer eindrucksvollen Freiheit des Herzens; sie wissen, dass sie krank sind, aber sie haben ihre Grenzen begriffen und akzeptiert. Ich bin überall auf der Welt in Slumgebieten und zerrütteten Verhältnissen vielen Menschen begegnet, die wunderbar frei und überhaupt nicht vom Bedürfnis nach Macht und menschlichem Ruhm befangen waren.

Solchen Menschen begegne ich mit Ehrfurcht. Ich liebe und bewundere sie. Es ist, als sei in ihnen Gott anwesend, in ihrer Güte, ihrem Mitempfinden, ihrer Ganzheit und Bescheidenheit. Ihre Herzen sind offen für andere, und wahrscheinlich sind sie deshalb so verletzlich, zerbrechlich und leicht zu verwunden. Aber wenn sie sich trotzdem nicht abschirmen, ist es dann nicht deshalb, weil sie wissen, dass sie von Gott getragen sind? Diese Freiheit gibt es für alle Menschen. Manche sind ihr schon näher. Andere müssen sich noch hartnäckig um sie bemühen, weil es dabei starke Abwehrmechanismen zu überwinden gilt.

Ich will jetzt einige Schritte zur Freiheit hin aufzeigen, die für uns alle wichtig sind.

(1) *Der erste Schritt* in Richtung Freiheit besteht darin zu lernen, dass Angst ein guter Ratgeber sein kann. So

merkwürdig das klingen mag: Erfahrungen der Angst können uns zur stärkeren Sehnsucht nach Freiheit anspornen und bewirken, dass wir uns umdrehen, nachdenken und unseren Kurs ändern. Angst wird durch eine Krise hervorgerufen und fordert uns auf, miteinander zu reden, nachzudenken, Fragen zu stellen und nach Lösungen zu suchen. Extrem kritische Situationen wie Bürgerkriege in Nordirland und Guatemala oder die Völkermorde in Bosnien und Ruanda können Menschen aller Seiten dazu zwingen, anzuhalten und die Frage zu stellen: Wollen wir wirklich Frieden? Allgemeinere Wirkursachen für das Leiden des Menschen, wie etwa die internationale Waffenindustrie und die multinationalen Konzerne, die die Weltwirtschaft beherrschen, führen uns zur Frage: Wollen wir eine Welt, die auf dem Prinzip des Konkurrenzkampfs beruht, bei dem die Starken gewinnen, indem sie andere unterdrücken und töten? Wollen wir wirklich einzig von der Wirtschaft beherrscht werden? Können Löwe und Lamm nebeneinander lagern, wie es JESAJA in seiner Prophetie schilderte? Ist es möglich und sinnvoll, sich aktiv für Frieden und Liebe auf der Welt einzusetzen?

(2) *Der zweite Schritt* in Richtung Freiheit besteht darin, sich deutlicher seiner eigenen Grenzen und Blockierungen bewusst zu werden. Ich persönlich habe dazu ziemlich lange gebraucht. Als ich Anfang der fünfziger Jahre, in der intensiven Zeit des Kalten Krieges, bei der Marine arbeitete, lebte ich mit dem sicheren Gefühl, dass wir auf der „richtigen Seite", die Kommunisten dagegen die Bösen seien. Wir mussten allzeit zum Kampf für den Frieden bereit sein. Später dann, als ich Philosophie und Theologie studierte, entdeckte ich genauer, was richtig und was falsch ist. Ich lernte den kritischen Blick für Irrtümer in den verschiedenen philosophischen und politischen Systemen und für vermeintlich theologische Irrtümer in anderen religiösen Traditionen.

In bestimmten Phasen unseres Lebens brauchen wir vielleicht den Glauben an ein Ideal, ja an eine Ideologie, bei dem die Trennungslinien zwischen Gut und Schlecht, zwischen Wahr und Falsch scharf gezogen sind. Wir sehen dann uns selbst als Mitglieder einer Elite, die im Vollbesitz der Wahrheit und berufen ist, die Welt vor dem Chaos und dem Bösen zu retten. Vielleicht brauchen wir alle zunächst die festen Überzeugungen der Jugend, ehe wir zu reifen Erwachsenen werden, die über die Weisheit verfügen, ihre Gewissheiten nicht absolut zu setzen und auch für ganz andere Ansichten offen zu sein.

Ich habe ziemlich lang gebraucht, bis ich die Gebrochenheit in der Geschichte und im Leben meiner eigenen Kirche zu sehen und zu akzeptieren vermochte und in der Lage war, die Schönheit, Wahrheit und das Gute in anderen Kirchen und Religionen zu entdecken. Außerdem brauchte ich auch lange für die Entdeckung all dessen, was in mir selbst gebrochen war: meiner Vorurteile, Ängste, Motivationen, Schwächen, Erfolgsbedürfnisse, Versagensängste.

Die spirituellen Meister aller Religionen lehren, dass es für das Hineinwachsen in die Freiheit bestimmte Schritte gibt. Der *Buddhismus* kennt die Lehre von vier unterschiedlichen „himmlischen Aufenthaltsorten" oder göttlichen Bewusstseinszuständen. Der erste, *metta*, ist die liebevolle Güte, eine Liebe, die eher zu geben und zu dienen versucht, als zu nehmen und zu fordern. Der zweite, *keruna*, ist das Mitgefühl, ein bebendes Herz angesichts des Leidens anderer und der Wunsch zu entfernen, was das Leben anderer schmerzlich belastet. Der dritte, *mudita*, ist die mitfühlende Freude, der Jubel im Herzen, wenn man sieht, dass sich die Schwachen, die Armen und die Unterdrückten in Freiheit aufrichten. Der vierte, *pekka*, ist ein Herzensfriede, der weit das übersteigt, was gewöhnliche Menschen von sich aus mit ihrer üblichen Fähigkeit zur Zügelung von Geist und Gefühlen zu erreichen vermögen.

Auch die *christlichen* spirituellen Schriftsteller sprechen von den Stufen zur Freiheit. Zunächst kommt der Kampf gegen die mächtigen, aber oberflächlichen Leidenschaften der Habgier und des Genusses sowie gegen die Selbstsucht und das Kreisen um sich selbst, damit man ein von Wahrheit, Dienst am Nächsten und Gebet geprägtes Leben führen kann. Dieser Kampf wird erleichtert, indem man sich an einen Ort des Dazugehörens begibt. Dort kann man seine intellektuelle und spirituelle Bildung zusammen mit Brüdern und Schwestern vorantreiben und so leichter oberflächliche Leidenschaften überwinden. Doch dann tauchen subtilere Leidenschaften auf: Gefühle der intellektuellen und spirituellen Überlegenheit, Verachtung Außenstehender, das Bedürfnis, andere zu beherrschen. Der Kampf setzt sich weiter fort, wenn man sieht, dass man sein falsches Selbst, das spirituelle Ego, sterben lassen muss, um in Armut, Freiheit, Kleinsein und Demut mit Gott eins zu werden und die anderen so zu lieben, wie Gott sie liebt.

Auch ich musste aus meinen fest gefügten Überzeugungen und Gewissheiten in Richtung größerer Reife und Weisheit herauswachsen. Ich musste meine eigene Gebrochenheit ins Auge fassen, die von meinem unbewussten Bedürfnis, „spirituell erfolgreich" zu sein, kaschiert wurde. Auch jetzt, mit siebzig Jahren, wird mein Wunsch, freier zu werden, immer noch größer. Es ist nie zu spät!

Können wir überhaupt in größere Freiheit hineinwachsen, wenn wir uns unseres Mangels an Freiheit nicht bewusst sind? Können wir uns nach dem Sehen sehnen, wenn wir gar nicht merken, dass wir blind sind? Wo finden wir die Hoffnung, die Energie und den Wunsch, uns aktiv in Richtung dieser Freiheit und dieser neuen Sicht zu bemühen? Alle spirituellen Schriftsteller sprechen vom Schmerz und der Gebrochenheit, die man erfährt, wenn man von der Sicherheit seiner Gewissheiten auf das Gebiet der Unsicherheit vorstößt, um zur Weisheit zu gelangen. Zur Weisheit gehört eine gewisse Armut von Herz und Geist. Diese innere Armut und Demut öffnet das Herz für eine neue Freude, eine neue Freiheit und eine neue Begegnung mit Gott.

(3) *Der dritte Schritt* in Richtung Freiheit besteht darin, auf die Weisheit zu achten, die sich aus unerwarteten Ereignissen ergibt: aus dem Tod eines lieben Menschen, aus einer Krankheit, aus einem Unfall, der zu einer schweren Behinderung führt, oder aus einem scheinbaren Unglück, das die eigenen Lebensmuster durcheinander bringt und dazu zwingt, sein Leben neu einzuschätzen und neue Wertmaßstäbe zu finden.

Solche Ereignisse stellen sich als Überraschungen ein, die uns für Neues und Umfassendes öffnen. Sie wirken tragisch, weil sie uns aus der sicheren Welt des Vorhersehbaren in die chaotische Welt des Unerwarteten und folglich in die Angst führen. Erst viel später, im Nachhinein, kann man entdecken, dass in ihnen eine ganz eigene Art von Segen liegt. Oft haben mir Eltern von behinderten Menschen erzählt, welchen Schock es für sie bedeutete, als sie bei der Geburt ihres Kindes dessen Behinderung entdeckten. Doch dann stellten sie fest, dass ihr Kind sie aus einer Welt der Macht und des Konkurrenzkampfes in eine Welt der Zärtlichkeit und des Mitfühlens führte. Krisen und unerwartete Veränderungen können uns in Verleugnung, Verzweiflung, Wut und Aufbegehren stürzen; aber diese Gefühle können uns auch helfen, Schritt für Schritt die Wirklichkeit so anzunehmen, wie sie ist, und in der neuen Situation neue Energien, eine neue Freiheit und einen neuen Sinn des Lebens und der Welt zu finden.

Um das entdecken zu können, brauchen Menschen oft die Hilfe eines anderen, der „mit ihnen geht", eines Wegbegleiters. Ja, einer der wichtigsten Faktoren zum inneren

Freiwerden ist die Art, wie man begleitet wird. Folglich sollte sich jeder die Frage stellen: Wer begleitet mich?

(4) *Der vierte Schritt* in Richtung Freiheit besteht also darin, einen Begleiter zu finden. Ein Begleiter ist jemand, der einem auf dem Weg zur Freiheit zur Seite stehen kann, jemand, der mir in Liebe zugetan ist und mich versteht. Bei diesem Begleiter kann es sich um Vater oder Mutter handeln, um einen Lehrer oder einen Freund, jedenfalls um jemanden, der unseren inneren Schmerzen und Gefühlen einen Namen geben kann. Auch Professionelle oder Therapeuten können solche Begleiter sein, Fachleute also, die aus Erfahrung wissen, wie man Knoten löst, die uns in unserer Weiterentwicklung blockieren. Es können auch Geistliche sein oder andere Menschen, die mit den Wegen Gottes vertraut sind und versuchen, uns als Menschen mit unseren Bedürfnissen besser zu verstehen, und die uns helfen können, Gottes Ruf zur Gemeinschaft, zur inneren Befreiung und echteren Liebe zu uns selbst zu erkennen.

Dieser Begleitung bedürfen wir in allen Stadien unseres Lebens, aber besonders in Krisenzeiten, wenn wir uns verloren, von Trauer überschwemmt oder von Gefühlen der Hilflosigkeit überwältigt fühlen. Der Begleiter kann uns Hilfe, Zuversicht und Bestätigung geben und uns neue Türen öffnen. Er ist nicht dazu da, uns zu beurteilen oder genau zu sagen, was wir tun sollen, sondern er soll uns unserer inneren Stärke und unseres Wertes vergewissern und uns helfen, den Sinn unseres inneren Leidens zu erschließen. Auf diese Weise hilft uns ein Begleiter, auf dem Weg zu größerer Freiheit zu wachsen, indem er uns die Versöhnung mit unserer Vergangenheit erleichtert sowie die Aufgabe, uns selbst so anzunehmen, wie wir sind, mit unseren persönlichen Gaben und unseren Grenzen.

Ich hatte das Glück, nach meinem Ausscheiden aus der Marine Père Thomas Philippe kennen zu lernen. Er war über viele Jahre mein Begleiter. Immer, wenn ich ihn brauchte, war er da, und ganz besonders, als ich mit der Gründung der „Arche" begann. Er bewertete mich nie, sondern nahm mich immer, wie ich war, und förderte das Beste in mir. Weil ich von ihm so gut begleitet wurde, war ich imstande, mein Herz zu öffnen. Ich hielt nichts bei mir verborgen, was im Untergrund geschwelt und schädigend gewirkt hätte. Ich konnte meine Schwächen und Ängste beim Namen nennen.

Die englischen Worte für „Begleitung", „accompaniment", und „Gefährte", „companion", sind von einer Zusammensetzung der beiden lateinischen Wörter *cum pane* abgeleitet, was wörtlich „mit Brot" bedeutet, genau wie auch das deutsche Wort „Kumpan", das allerdings eher negativ gefärbt ist. Der Begleiter oder Gefährte ist also der, der „mit mir Brot isst", das heißt, der mit mir teilt. Wir ernähren einander gegenseitig, wir gehen gemeinsam. Der Begleitende ist wie eine Hebamme, die diskret hilft, dass neues Leben ans Licht kommen und sich zur Fülle entfalten kann. Aber der Begleiter empfängt dabei ebenfalls Leben, und wenn die Menschen sich füreinander öffnen, entwickelt sich zwischen ihnen eine Herzensgemeinschaft. Sie klammern sich nicht aneinander, sondern setzen beieinander Leben frei und berufen einander zu größerer Freiheit. So war es umgekehrt für mich leicht, andere Menschen zu begleiten, ihnen mein Vertrauen zu schenken, ihnen Schuldgefühle zu nehmen, die sie belasteten, und sie ihren Wert erkennen zu lassen.

Das Begleiten macht auch das innerste Wesen des Gemeinschaftslebens in der „Arche" aus. Genau genommen gilt dies genauso für jegliches menschliche Weiterwachsen. Menschenwesen sind darauf angewiesen, dass sie gemeinsam gehen und einander ermutigen, auf dem Weg des Wachstums und des Kampfes um Befreiung weiterzuschreiten und den Panzer des Egoismus zu sprengen, der sie umgibt und daran hindert, ihr volles Menschsein zu verwirklichen.

(5) *Der fünfte Schritt* zur Freiheit besteht darin, dass man Vorbilder hat, also Menschen, die Zeugen der Wahrheit sind und über eine klare Vision verfügen. Jeder von uns, der auf dem Weg ist, kann sehen, dass bereits vor uns andere diesen gleichen Weg in Richtung Freiheit gegangen sind. Im Laufe des 20. Jahrhunderts gab es eine ganze Reihe großer Gestalten, die Freiheit verkörperten: ALBERT SCHWEITZER, MAHATMA GANDHI, MUTTER TERESA. Jeder von uns kann seine eigene Liste von Persönlichkeiten aufstellen, die vielleicht auf verborgene, stille Art in Freiheit ihr Leben geben, damit andere besser und mit mehr Hoffnung leben. Es gibt Männer und Frauen, die sich darum bemühen, den Hungernden Nahrung und den Bedürftigen Hilfe zu bringen und in Konflikten Frieden zu stiften. Dem Kampf vieler solcher Männer und Frauen verdanken wir es, dass unsere Welt bewohnbarer geworden ist. Sie haben gelebt, was sie verkündet haben. Sie haben ein ganzes Stück ihres Lebens für die Wahrheit und Liebe hingegeben.

Ein Vorbild ist jemand, der trotz aller chaotischen Verhältnisse neue Lebensweisen vor Augen führt, trotz aller Gewalttätigkeit liebevoll und bescheiden bleibt, jemand, der nicht richtet oder urteilt. Solche Menschen eröffnen uns durch ihr Leben neue Perspektiven: dass es einen Weg zu Frieden und Einheit gibt, selbst wenn er hartes Ringen und Schmerzen mit sich bringt.

(6) *Der sechste Schritt* besteht darin, sich auf dem Weg zur Freiheit auf ein zähes Ringen einzulassen. Es ist ein mühsames Unterfangen, sich selbst von seinen inneren Zwängen zu befreien und sich dem inneren Weiterwachsen, der Wahrheit, der Gerechtigkeit und dem Dienst an anderen zu verschreiben. Dieses Ringen hat viele Aspekte. Es bedeutet

z. B., dass man sich bemüht, nicht unter dem Eindruck seiner eigenen inneren Wunden und Ängste über andere zu sprechen und sie dadurch abzuwerten und zu verurteilen. Oder es bedeutet, nicht diejenigen zu meiden, die anders sind, sondern eher mit hörbereitem Herzen auf sie zuzugehen. In manchen Fällen kann dies bedeuten, dass man Orte aufsucht, wo Menschen, die aus dem Üblichen herausfallen, versammelt sind: Gefängnisse, psychiatrische Kliniken, Einrichtungen für Behinderte, Slums, fremde Länder. Dazu gehört auch, dass man sich Zeit nimmt, den Einzelnen zuzuhören und sich von ihren Schmerzen, ihren Hoffnungen, ihrer Wut und ihrer Niedergeschlagenheit erzählen zu lassen. Es ist ein ständiges Ringen, etwas, das wir immer nur unvollkommen zustande bringen.

Dieses Ringen kann einfacher werden, wenn wir älter werden. Weisheit stellt sich oft mit dem Alter ein, sofern man bereit ist, sein Alter als solches in Fülle zu leben. Man muss dann nicht mehr alles im Griff haben oder schnell und effizient sein. Man braucht auch keine wichtige Stellung mehr in der Gesellschaft einzunehmen. Endlich hat man Zeit, einfach da zu sein, sich an der Natur zu erfreuen und Dinge zu tun, für die man bisher nie richtig Zeit hatte. Man muss seinen Wert nicht mehr unter Beweis stellen. Man hat mehr Zeit, mit Menschen zusammen zu sein, denen man herzlich verbunden ist, zu beten und in der Gemeinschaft mit Gott zu verweilen. Ist das nicht der eigentliche Sinn des Alters, das unsere modernen Gesellschaften abzuwerten neigen? Wenn wir als alte Menschen nicht danach trachten, diese Weisheit zu leben, besteht dann nicht die Gefahr, dass wir in Depression verfallen, weil wir unsere Energie, unsere Rollen und zuweilen auch unsere Gesundheit verloren, aber nicht entdeckt haben, was wir dafür gewonnen haben?

(7) *Der siebte Schritt* auf dem Weg zur Freiheit besteht im Anerkennen, dass die Befreiung des Herzens stattfindet,

wenn man in Kommunion mit der Quelle des Universums, mit Gott lebt. Gott rührt uns im Kern unseres Wesens an, tiefer, als alle unsere Zwänge nach Macht und Bewunderung und unsere Ängste vor Ablehnung und unsere Schuldgefühle reichen. Gott offenbart uns die Einmaligkeit und Kostbarkeit unseres Seins, so wie wir sind.

In der ganzen Geschichte der Menschheit haben sich die Mystiker darum bemüht, sich von ihrem Ego zu befreien, von ihrer hartnäckigen Selbstsucht, um in einem tieferen Einssein mit Gott leben und frei dafür sein zu können, so zu lieben, wie Gott liebt, mit mitfühlendem Herzen. Es gab auch viele Männer und Frauen, die vielleicht nicht ausdrücklich das Einswerden mit Gott suchten, aber dennoch Sucher nach Wahrheit und Mitempfinden waren und sich für den Frieden und die Einheit der Menschheit einsetzten.

Das Einssein mit Gott, das Vertrauen, dass wir von Gott geliebt werden und er uns in seinen Armen hält, verleiht uns innere Kraft und verstärkt unseren Wunsch, zu *sein* und *wahrhaftig* zu sein. Es versetzt uns in die Lage, jeden Menschen, jedes Ereignis, den großen Lauf der Geschichte und das gesamte Universum so sehen zu können, wie Gott das alles sieht. Schon dies an sich verringert unser Bedürfnis, nur uns selbst zu bestätigen oder uns hinter den Mauern von Macht oder Wissen zu verbergen. Es mindert unsere Ängste, abgelehnt zu werden. Es hindert uns auch daran, irgendetwas absolut zu setzen. Kein einzelner Mensch, keine Gruppe und nicht einmal die Menschheit insgesamt ist Gott.

Diese Kommunion mit Gott führt zu keiner Spannung zwischen unserem Körper und unserem Geist. Gott ist an der Quelle unseres gesamten Wesens, des spirituellen wie des materiellen. Daher führt uns diese Kommunion zu innerer Ganzheit. Wir laufen Gefahr, das Leben abzuschnüren, das aus dem Herzen und der Quelle des Universums in uns einfließt, wenn wir im beständigen Haschen nach Macht und Anerkennung die Bestätigung unseres Ego suchen. Mit dem Loslassen unseres wahren Selbst setzen wir das Leben Gottes in uns frei und, mit MARTIN BUBER gesprochen, lassen wir Gott durch unser Herz und unser Wesen fließen und auf diese Weise in unsere Welt hereinkommen.

Die Botschaft Jesu wurde oft verstümmelt. Doch er kam, um uns alle in eine Gesellschaft einzuführen, die *ein Leib* ist, in dem jeder Teil, ob schwach oder stark, fähig oder behindert, seinen Platz findet und sich frei entfalten kann. Diese Sicht der Menschheit, eine Sicht, die Güte und Mitempfinden für jeden Menschen vorsieht, kommt von dem Gott der Liebe, der unsere versteinerten Herzen zu Herzen aus Fleisch umwandeln möchte.

Die Menschheit muss zu diesem schlichten, liebenden Gott zurückkehren, der ganz Herz ist. Sie muss die Botschaft der Güte, Zärtlichkeit, Gewaltlosigkeit und Vergebung wieder entdecken und damit auch den Sinn für die Schönheit unseres Universums, der Materie, unserer eigenen Körper und allen Lebens. Dieser Weg der Wiederentdeckung wird nur unter mühsamem Ringen zu erreichen sein, aber es ist wahrlich der Mühe wert.

Diese Botschaft der Liebe bringt eine verborgene, zarte Ekstase der Liebe mit sich, einen neuen Herzensfrieden, eine innere Befreiung. Das ist nicht nur etwas für Menschen mit starkem Willen und großer Strenge, sondern für alle, die ihre Herzen für diesen Gott der Liebe öffnen. Die innere Befreiung ist denen zugedacht, deren wahres Selbst hinter hohen Mauern versteckt ist, und für die, deren Charakter und Persönlichkeit auf Angst aufgebaut sind, die jedoch an die befreiende Kraft der Liebe Gottes glauben. Sie erwartet all jene, die in Gefängnisse früherer Verletzungen eingesperrt sind und nach und nach in sich den Weg zur Vergebung entdecken.

Das soll jetzt auch das Thema meines abschließenden Kapitels sein: Vergebung. Sie ist das letzte Geheimnis der Befreiung: Man soll Vergebung gewähren und sich schenken lassen und dadurch so frei werden, wie Kinder frei sind.

5 Vergebung

Das griechische Wort für „Vergebung" lautet *ásphesis*, was als Aktion „befreien", „aus Knechtschaft lösen" bedeutet. Gemeint ist der Erlass von materiellen Schulden oder moralischer Schuld und Strafe. Man verwendet ihn, wenn die Gefängnistür aufgeht und der Häftling in die Freiheit hinausgehen kann.

Menschenwesen sind dazu berufen, frei zu werden und andere zu befreien, das Leben zu nähren, auf den Wert und die Schönheit in jedem anderen Menschen zu achten und aus unserer Welt einen wunderschönen Garten zu machen, in dem jeder Mensch und jede Gesellschaft Blüten und Früchte zu ernten und so die Saat für den Frieden von morgen auszustreuen vermögen.

Im vorigen Kapitel sprach ich vom Freiwerden von inneren Zwängen wie z. B. der Sucht nach Erfolg, vom Bedürfnis, bewundert zu werden, und von der Angst vor Ablehnung. Wenn diese Zwänge und Süchte unser Verhalten beherrschen und uns davon abhalten, Gerechtigkeit und Freiheit für andere zu suchen, sind wir nicht frei. Jetzt möchte ich davon sprechen, wie man die Freiheit von jenen inneren Verletzungen findet, die das eigene Verhalten beherrschen und dazu verleiten, anderen unmenschlich zu begegnen.

Manche dieser Verletzungen sind uns aktiv zugefügt worden, z. B. durch verbalen oder physischen Missbrauch. Andere Wunden entstanden auf eher passive Weise: Zu bestimmten Zeiten, vor allem wenn wir uns schwach und bedürftig erlebten, hatten wir das Empfinden, niemand beachte und schätze uns. So oder so wurde unser Bedürfnis von denen verkannt, die uns hätten helfen können, uns jedoch nicht beachteten. Verletzungen hinterlassen in unserem Herzen Wunden, die sich in der Tiefe unserer Person einprägen und irgendwann unerlöst zugedeckt werden, d. h., diese Wunden bewirken, dass wir Schranken um uns aufbauen. Unsere Schranken und Wunden verhindern ein gesundes Dazugehören, weil sie Kommunikation und Offenheit nicht zulassen. Will man wirklich frei und ganz Mensch werden, muss man die Schranken abbauen. Um diesen Prozess des Abbaus von Schranken geht es bei der Vergebung: Wir fangen an, die, die uns verletzt haben, anzunehmen und zu lieben. Das ist die oberste Stufe der inneren Befreiung.

Auf Verletzungen reagieren wir auf verschiedene Weise. Wir können den Impuls verspüren, diejenigen, die uns verletzt haben, ebenfalls zu verletzen, und von denen, die schlecht über uns gesprochen haben, ebenfalls schlecht zu reden. Doch kann man mit Verletzungen auch anders umgehen. Manche von uns lassen die Wunde in ihrem Innern schwären, was zu einer Grundstimmung ständigen Angeschlagen- und Unzufriedenseins mit allem und jedem führen kann. Verletzungen, die jemand verbirgt, können sogar zur Selbstverachtung führen; aus der Überzeugung, nichts wert zu sein, kann ein solcher Mensch geradezu meinen, er habe die Verletzung verdient.

Schuldgefühle und Schuldbewusstsein

Verletzungen können auch Schuldgefühle erzeugen. Es gibt zwei Arten von Schuldempfindungen: psychische Schuldgefühle und moralisches Schuldbewusstsein.

Schuldgefühle holen wir uns von außen, und zwar von

jenen, aus deren Verhalten wir schließen, wir seien nichts wert. Schuldbewusstsein entsteht in uns selbst, nachdem wir etwas getan haben, was wir für falsch halten. Schuldgefühle ergeben sich nicht daraus, dass man tatsächlich jemanden verletzt oder etwas moralisch Verwerfliches getan hat; es sind Gefühle, die uns überwältigen können, wenn wir uns als Person abgelehnt fühlen.

JOHN PAUL, der vor Jahren aus einer psychiatrischen Klinik in die „Arche" gekommen war, wurde ab einer bestimmten Zeit psychisch ziemlich krank und begann Halluzinationen zu bekommen. Er entfernte sich völlig von der Realität und lebte mehr und mehr in einer anderen Welt. Das war eine Situation, die ihm selbst und auch uns anderen ziemlich Angst machte. Alle, die ihn betreuten, besprachen sich mit EROL FRANKO, unserem damaligen Psychiater. Wir wollten dahinter kommen, was diese Krise ausgelöst hatte und wie wir JOHN PAUL helfen könnten, wieder zu sich selbst und zur Wirklichkeit zurückzufinden. Ich entsinne mich noch gut der Worte von Dr. FRANKO: „Ich glaube, JOHN PAUL hat Schuldgefühle, weil er überhaupt existiert." Er erinnerte uns daran, dass dieser junge Mann wegen seiner Behinderung von seinen Eltern abgelehnt worden war, dann auch von seinen Großeltern und schließlich noch einmal von zwei Pflegefamilien. Zu guter Letzt war er in einer psychiatrischen Klinik gelandet, bevor er dann in die „Arche" kam. Er hatte sich noch nie in seinem Leben als der, der er war, akzeptiert und geliebt gefühlt. Nie hatte er sich mit jemandem verbunden gewusst. Immer war er als Last und Störung empfunden worden. Wenn uns niemand liebt, haben wir das Gefühl, nicht liebenswert zu sein. Daraus entsteht ein psychisches Schuldgefühl, das an die Substanz geht.

Moralisches Schuldempfinden und psychisches Schuldgefühl nähren sich gegenseitig. Wenn wir das Gefühl haben, nichts wert zu sein, dann deshalb, weil uns in irgendeiner Weise signalisiert worden ist, das sei tatsächlich so. Dann verhalten wir uns auch entsprechend: Wir verletzen andere genau aus dem Grund, weil wir wissen, dass wir sowieso keinen Wert haben und nur Wertloses zustande bringen.

Viele der geistig behinderten Menschen, die zur „Arche" kommen, sind von solchen psychischen Schuldgefühlen erfüllt. Sie sind davon überzeugt, nichts zu taugen und nichts zustande zu bringen. Der Sinn der „Arche"-Gemeinschaften besteht darin, diesen Menschen zu helfen, von ihrem negativen Bild von sich selbst frei zu werden, sich frei und angenommen erleben zu können. Wir versuchen ihnen zu helfen, vom Wunsch zu sterben loszukommen und Lebensfreude zu entwickeln, und statt sich selbst zu hassen sich lieben zu lernen.

Schuldgefühle und Gefühle der Wertlosigkeit werden uns als Kindern immer dann zur zweiten Natur, wenn wir uns abgelehnt erleben. So entwickelt sich in unserer Kindheit diese Schattenseite unseres Wesens; in Zeiten der Depression kommen diese dunklen Gefühle zum Vorschein. Depressiv sein bedeutet, von düsteren Gefühlen überschwemmt zu werden, die lähmen und daran hindern, mit dem Leben zurechtzukommen. Das psychische Schuldgefühl liegt auch an der Wurzel unseres Mangels an Selbstvertrauen. Vielen fehlt es nicht nur an Vertrauen in die eigenen Fähigkeiten, etwas Gutes fertig zu bringen, was Erfahrung und Kompetenz erfordert, sondern auch an Vertrauen zur eigenen Liebesfähigkeit und dazu, sich lieben zu lassen.

Wenn ich den Menschen genau zuhöre, entdecke ich, wie viele von ihnen von Schuldgefühlen niedergedrückt sind. Mütter und Väter fühlen sich schuldig, weil sie meinen, schlechte Eltern zu sein. Verheiratete Männer und Frauen fühlen sich schuldig, weil sie ihren Partner nicht genug lieben und nicht genug für ihn da sein können. Vielleicht fühlen wir uns alle irgendwie schuldig, weil wir nicht die sind, die wir eigentlich sein möchten. In dem Maß, wie wir von uns selbst enttäuscht sind, enttäuschen wir auch andere. So stellt sich die Frage: Wie können wir uns von der Last dieser Schuldgefühle befreien? Wie können wir das Vertrauen zu uns selbst und den Glauben an uns selbst wieder entdecken, die uns dazu befähigen, uns für andere zu öffnen und aus unserem Leben etwas Kostbares zu machen? Wie können Mutter und Kind oder Mann und Frau einander von Gefühlen befreien, die sie daran hindern, wirklich voll und ganz zu leben? Wie kann es zwischen ihnen zu echter Begegnung kommen, die neue Energien freisetzt und ihre Herzen umwandelt? Es geht dabei um die Energie, von der der jüdische Religionsphilosoph MARTIN BUBER in seinem Buch *Ich und Du* spricht; sie wird geweckt, wenn zwei Menschen einander wirklich begegnen und sich einander offenbaren.

Im ersten Kapitel habe ich von der Liebe gesprochen, die Menschen verwandelt, wie es zum Beispiel bei CLAUDIA geschah, der jungen, schwer behinderten Frau in der „Arche"-Kommunität in Honduras. Liebe offenbart, versteht, ermächtigt, feiert; sie hilft den Menschen, ihren Todeswunsch in einen Wunsch nach Leben umzuwandeln. Liebe befreit uns aus den Fängen psychischer Schuldgefühle, die uns lähmen. Es ist eine Liebe, die uns von jemandem entgegenströmt, der an uns glaubt und will, dass wir leben. Aber an uns selbst ist es, unser Herz zu öffnen, um diese Liebe aufzunehmen. Wir können sie abblocken, uns weigern, an sie zu glauben, oder sie überhaupt nicht wollen. Manchmal kann der Wunsch zu sterben geradezu übermächtig sein.

Hier, so glaube ich, liegt das Geheimnis innerer Freiheit. Ver*geben* besteht darin, diese Liebe anzubieten, die uns der Macht moralischer und psychischer Schuldgefühle entreißt. Liebe ist die höchste *Gabe*, das größte Geschenk; denn es ist das Geschenk des Befreitwerdens von allen Verletzungen der Vergangenheit, die uns daran hindern, voll und ganz zu leben und andere zu lieben.

Persönliche Verletzungen

Betrachten wir jetzt etwas genauer die verschiedenen Arten von Verletzungen. Zunächst gibt es die persönlichen Verletzungen: Ein Mensch fügt dem anderen Schmerzen zu.

Einmal suchte mich eine junge Studentin auf. Aus der Art, wie sie über Männer sprach, spürte ich, dass sie sich sehr verletzt fühlte. Ich bat sie, mir etwas genauer ihre Beziehung zu ihrem Vater zu schildern. Sie starrte mich an: „Ich hasse ihn!“, und erzählte mir dann, ihr Vater sei Philosophielehrer an einer christlichen Schule und erfreue sich großer Beliebtheit und Bewunderung. Doch wenn er heimkomme, schließe er sich immer in seinem Zimmer ein. „Er isst nie mit uns“, sagte sie. „Er redet nie mit mir. Ich hasse ihn.“

Für eine junge Frau ist es bitter, sich von ihrem Vater abgelehnt und missachtet zu fühlen, von dem sie Ermutigung und Bestätigung erhofft. Ihr Vater gab ihr stattdessen das Gefühl, nichts wert zu sein. Seine Missachtung erfüllte sie mit dem Grundgefühl, von allen abgelehnt zu werden, was in ihr zu starker Spannung, zu Wut und Aufbegehren führte. Es belastete all ihre Beziehungen zu Männern. Diese junge Frau bedurfte dringend der Befreiung von dem Hass, der ihr Leben beherrschte.

Es war für sie ungemein wichtig, ihren Vater zu verstehen. Nur so würde sie vielleicht dahin finden, ihm vergeben zu können. Wenn sie damit beginnt, ihren Vater zu verstehen und dahinter zu kommen, warum er sich so verhält, ist sie auf dem Weg zur Vergebung. Aber Vergebung kann nur dann aus echter Begegnung und echter Herzensgemeinschaft heraus geschehen, wenn ihr Vater seinerseits willens ist, sein Verhalten zu überdenken, wenn ihm klar wird, wie tief sich seine Tochter durch ihn verletzt fühlt, und er sie um das Geschenk der Vergebung bittet. Nur dann könnten in beiden Versöhnung, vollständige Heilung und Befreiung stattfinden.

Manchmal ist der entscheidende Punkt allerdings nicht das gegenseitige Verstehen, sondern die Einsicht, dass es bei dem, der einen verletzt hat, Blockierungen gibt, die ihn in der Verweigerung verharren lassen, seine Schuld zu erkennen und einzugestehen.

Eine junge Frau war etliche Jahre im Gefängnis, weil ein Mann über sie falsch ausgesagt hatte. Im Gefängnis hatte sie dank des Gefängnisseelsorgers eine spirituelle Wandlung erfahren. Eines Tages brachte der Geistliche das Thema zur Sprache, ob sie diesem Mann vergeben könne, der ihr so viel Leid zugefügt hatte. „Nein", erwiderte sie, „ich kann ihm das nie verzeihen; er hat mich zu sehr verletzt. Aber ich bete jeden Tag, dass Gott ihm vergeben möge."

Diese Frau konnte offensichtlich nicht vergeben, ehe nicht der an ihrem Unglück Schuldige vollständige Reue zeigte und sie um das Geschenk der Vergebung bat. Aber deutlich war auch, dass sie nicht in den Fängen ihres Hasses bleiben wollte. Ja, sie wünschte ihm, dass er in der Wahrheit lebe; daher betete sie für ihn. Manchmal ist es für den Verletzten leichter, sich der inneren Befreiung anzunähern, als für den Verletzenden, seine Schuld zu erkennen und um Vergebung zu bitten. In anderen Fällen kann eine Verletzung so groß sein, dass die vollständige Befreiung einen sehr langen und schmerzlichen Prozess erfordert. Man denke etwa an Juden, die die Vernichtungslager überlebt, oder an die Tutsis und Hutus, die die Massaker in Ruanda miterlebt haben.

Im Gefängnis der eigenen Vorlieben
und Abneigungen

Die meisten von uns müssen sich wohl nicht mit der Art von Hass auseinander setzen, die jene junge Studentin und jene Frau im Gefängnis empfanden, aber wir alle haben ausgeprägte Vorlieben und Abneigungen. Diese entdecken wir, wenn wir mit anderen Menschen in der Familie, am Arbeitsplatz, in einer Gemeinschaft oder in anderen Gruppen zusammenleben. Zu manchen von ihnen fühlen wir uns hingezogen, andere meiden wir. Wir verteilen Bestätigung und Ablehnung mit gleicher Leichtigkeit. Und selbst wenn wir uns nicht ausdrücklich bestätigend oder ablehnend zeigen, teilen wir die Menschen nur allzu gern in bestimmte Kategorien ein. Solche, die einer anderen Kirche, einer anderen politischen Partei angehören oder fremde Werte vertreten, sind schnell mit einem Etikett versehen. Angehörige einer anderen Rasse oder Gesellschaftsschicht bekommen ihren oder keinen Platz in der Weltordnung zugeteilt, die wir uns zurechtgelegt haben. Uns selbst sehen wir gern an der Spitze der Pyramide; von dort aus schauen wir herab auf die, die anders sind als wir. Warum sollten wir sie als unsere Brüder und Schwestern betrachten? Es mag sein, dass wir andere zwar nicht radikal ablehnen, aber allzu leicht stecken wir sie in bestimmte Schubladen. Warum errichten Menschen so viele Schranken?

Nicht alle unsere Abneigungen anderen gegenüber sind grundlos. Es gibt jene, die uns – umgekehrt – herabsetzen. Es gibt andere, die in uns verborgene Ängste wecken. Wieder andere flößen uns Furcht oder Unbehagen ein. Manche neigen dazu, andere zu beherrschen, so dass wir uns in ihrer Gegenwart unter Druck fühlen. Und es gibt jene, die auf bestimmten Gebieten immer als Konkurrenten auftreten. All unsere daraus resultierenden Abneigungen haben eines gemeinsam: Sie gründen in dem Gefühl, durch andere gefährdet zu sein.

Vorlieben und Abneigungen sind andererseits durch unsere eigenen Bedürfnisse und Ängste bedingt. Zu denen, die uns zu bestätigen und zu ermutigen scheinen, die uns lieben und anerkennen, fühlen wir uns hingezogen. All jenen gegenüber, die uns nicht bejahen oder ermutigen, sondern ablehnen und verurteilen, empfinden wir Abneigung. Es mag sein, dass wir nicht von etwas derartig Starkem wie regelrechtem Hass befangen sind, aber dennoch errichten unsere Vorlieben und Abneigungen ebenso hohe Mauern von Vorurteilen wie Hass. Hinter ihnen können wir so tun, als gebe es andere gar nicht oder als würden sie nicht zu unserem gemeinsamen Menschsein gehören.

Wollen wir wirklich frei werden, dann bedarf es des Willens und der Mühe, mit denen in Austausch zu kommen, die wir nicht mögen, sie zu verstehen und so zu nehmen, wie sie sind, um dabei zu erfahren, dass wir alle das gleiche Menschsein teilen. Das ist Vergebung.

Hass auf eine bestimmte Menschengruppe

Dann gibt es Hassgefühle, die bestimmte Menschengruppen gegeneinander entwickeln. Die amerikanische Schriftstellerin PATRICIA RAYBON beschreibt in ihrem Buch *My First White Friend: Confessions on Race, Love, and Forgiveness*, wie sie aufgrund der Unterdrückung, die sie in den USA erlebte, dazu kam, die Weißen zu hassen. Sie schreibt: „Ich hasste sie, weil sie zahllose Kulturen und Gemeinschaften gelyncht, belogen, eingesperrt, vergiftet, missachtet, verstoßen und ausgebeutet hatten, und zwar mit einer himmelschreienden Zielstrebigkeit oder Kaltblütigkeit, die jedem menschlichen Glauben oder Ver-

165

ständnis spottet."[7] Sie schildert dann, wie sie schließlich einsah, dass ihr Hass, so gerechtfertigt und verständlich er auch sein mochte, ihre Identität und Selbstachtung aufzehrte. Er machte sie blind für die Gesten der Freundschaft, die ihr ein weißes Mädchen an der High School entgegenbrachte. Schließlich ging ihr auf, dass sie – statt darauf zu warten, dass die Weißen endlich um Verzeihung für die von ihnen begangenen Ungerechtigkeiten bäten – selbst um Verzeihung für ihren eigenen Hass bitten müsse sowie für ihre Unfähigkeit und Ablehnung, einen weißen Menschen als Menschen und nicht nur als Teil einer Rasse von Unterdrückern zu sehen.

Eine Verletzung kann so tief schmerzen, dass manche Menschen dicke Mauern errichten, um sich vor noch mehr Schmerz abzuschirmen. Doch wenn eine politische Befreiung stattfindet und die bisherigen Opfer die neuen Herren werden, besteht erneut die Gefahr, dass sie hinter ihren Mauern bleiben und sich in gewisser Hinsicht wie ihre früheren Herren verhalten: defensiv und aggressiv zugleich.

Manche Unterdrückte gestehen sich ihren Hass auf den Unterdrücker und ihre Rachegelüste gar nicht ein und verstricken sich stattdessen in Minderwertigkeitsgefühle. Die Unterdrückung ist damit bis in ihr Herz vorgedrungen. Überzeugt von ihrer Minderwertigkeit, bleiben sie unfähig zur Gegenwehr oder zum Kampf um ihre Rechte. Sie werden so zu ihren eigenen Unterdrückern.

Es kann nur gelingen, den Kreislauf der in unserer Welt herrschenden Gewalttätigkeit und Unterdrückung zu durchbrechen, wenn unterdrückte Menschen zur Befreiung aus diesem Kreislauf finden: vom Hass auf andere und vom

---

[7] Patricia Raybon, *My First White Friend: Confessions on Race, Love, and Forgiveness.* Viking Press, New York 1996, 4. © 1996 by Patricia Raybon. Verwendet mit Erlaubnis von Viking Penguin, einer Abteilung von Penguin Putnam Inc.

Hass auf sich selbst. Meiner Überzeugung nach können die Unterdrückten dieser Welt nur so zu innerer Freiheit und zum Frieden finden.

Als ich 1996 Ruanda besuchte, erzählte mir eine junge Frau, 75 Mitglieder ihrer Verwandtschaft seien dem Massaker zum Opfer gefallen. „In meinem Herzen ist derart viel Hass, dass ich gar nicht weiß, was ich damit anfangen soll", sagte sie. „Die Leute reden von Versöhnung, aber mich hat noch niemand darum gebeten, ihm zu verzeihen." Verbrechen wie Unterdrückung und Massaker hinterlassen tiefste Wunden. Können sie jemals geheilt werden? Um frei zu werden, bräuchte diese Frau jemanden, der ihr hilft, ihre Gefühle der Wut, des Hasses und Aufbegehrens anzunehmen, Reaktionen, die ihr zudem Schuldgefühle verursachten. Und doch – sind es nicht ganz natürliche, gesunde Reaktionen? In der Tat ist es wichtig, sie zum Ausdruck zu bringen. Wäre nicht etwas falsch gelaufen, wenn diese Frau nicht reagiert, sondern nur ohnmächtig all das entsetzliche Unrecht hingenommen hätte, das ihrem Volk widerfahren war? Apathie wäre unter solchen Umständen ein Zeichen von Depression und Lebensverweigerung. Aber diese Frau brachte es irgendwann fertig zu sagen, sie wolle keine Rache mehr an denen, die ihre Verwandten getötet hatten. Sie hatte schon genug Morde erlebt.

Vergebung geschieht einseitig, d. h., sie beginnt damit, dass der Verletzte zu neuer Kraft und Freiheit findet, auf Rache, auf Vergeltung zu verzichten, oder wie jene Frau im Gefängnis, dass sie darum betet, der Unterdrücker möge zur Einsicht, zur Wahrheit vorstoßen und sein Tun erkennen. Vergebung besteht dann darin, Hoffnung für den Verletzenden zu haben und trotz allem an dessen Menschsein zu glauben, auch wenn es unter seiner Herzenshärte ganz verschüttet zu sein scheint.

Vergebung führt aber erst zu vollkommener Versöhnung und zur Herzensgemeinschaft, wenn der Unterdrücker um Verzeihung bittet und Vergebung annimmt.

Uns von der Macht des Hasses befreien

Eine Bekannte schrieb mir von ihrem Großvater, einem Australier, der im Ersten Weltkrieg als Soldat an der Front gestanden hatte. Er war in einen Gasangriff der deutschen Armee geraten und erlitt dabei eine bleibende Behinderung. Seitdem trug er eine fürchterliche Bitterkeit gegen alle Deutschen in seinem Herzen. Diese tiefe Bitterkeit vergiftete seine ganze Familie und pflanzte sich fort bis zur dritten Generation, der meiner Bekannten. Sie beschrieb mir in ihrem Brief, wie auch sie sich die Einstellung ihres Großvaters ganz zu eigen gemacht hatte und von der Sprache geprägt worden war, mit der er die Deutschen beschrieb. Er pflegte sie als „diese verdammten Hunnen" zu bezeichnen. Es dauerte sehr lange, bis es diese Frau schaffte, von diesem bitteren Vermächtnis ihres Großvaters frei zu werden. Nach einem langwierigen Prozess konnte sie schließlich die Einstellungen loslassen, die ihr von Kindheit eingeimpft worden waren. Sie schrieb: „Mein Leben lang habe ich versucht, das Vorurteil gegen die Deutschen zu überwinden, das mir einprogrammiert worden ist." Unsere Herzen können vom Atem und von Worten des Hasses, vom Erbe ungelöster Bitterkeit tief vergiftet werden.

„Ich muss immer an den Grundsatz der Ureinwohner Nordamerikas denken", fuhr diese Frau fort, „man solle bei allen wichtigen Entscheidungen überlegen, welche Folgen sie für die kommenden Generationen haben … Es muss unzählige Millionen von Menschen geben, die die Wunden der Unversöhnlichkeit bis in die dritte und vierte Generation oder noch länger weiter mit sich herumschleppen! Die Welt hat all das zu tragen, und ob künftig Krieg oder Frieden sein wird, hängt davon ab, wie wir selbst damit umgehen."

Die Feindesliebe

Dass man seine Feinde lieben solle, ist ein Kernthema der christlichen Botschaft. Jesus sagt mit Nachdruck:

„Liebt eure Feinde; tut Gutes denen, die euch hassen. Segnet, die euch verfluchen; betet für die, die euch misshandeln."

Lukas 6,27 f

Diese Worte sprach Jesus in Galiläa in der Nähe des Sees Tiberias. Jahrhundertelang war das jüdische Volk von ausländischen Mächten überrannt und unterdrückt worden: zuerst von den Babyloniern, dann von den Persern, später von den Griechen und schließlich von den Römern. Das jüdische Volk hasste verständlicherweise jede Fremdherrschaft. Seine Würde und Freiheit lagen am Boden. Es trachtete immer wieder nach dem Einen: nach Befreiung, und zwar oft mit gewalttätigen Mitteln. Hätte es das Wort damals schon gegeben, so hätte man jene, die zur Gegenwehr griffen, als „Freiheitskämpfer" bezeichnen können, die Römer dagegen als feindliche Unterdrücker.

Einige Zeit nach der Geburt Jesu trat ein gewisser JUDAS EZECHIAS als Anführer eines energischen Aufstands auf, der von den Römern jedoch niedergeschlagen wurde. FLAVIUS JOSEPHUS, ein jüdischer Historiker des 1. Jahrhunderts, berichtet, als Vergeltung für diesen Aufstand hätten die Römer zweitausend Galiläer gekreuzigt.

Und da sagt Jesus jetzt zu den Galiläern, sie sollen ihre Feinde lieben! Sie sollen für die beten, die sie misshandelten und umbrachten! Man stelle sich ihre Wut vor! Man hört sie geradezu schreien: „Nein! Ich hasse die Römer! Ich möchte sie umbringen! Sie haben meinen Vater, meinen Bruder, meinen Sohn, meinen Onkel ans Kreuz geschlagen!" Wenn man in einem solchen Kontext die Worte Jesu liest, kann einem die Aufforderung zur Feindesliebe ideal überzogen oder sogar sentimental vorkommen. Den Galiläern mochten Jesu Worte wie eine Provokation erscheinen, als Worte eines Feiglings, der Angst vor Gewalt und Konfrontation hat. Oder sie mochten Jesus sogar für einen Agenten der Römer halten, der versuchte, die ruhelosen Wünsche des jüdischen Volkes nach Freiheit zu dämpfen. Aber Jesus wollte weder provozieren noch einen weltfremden Idealismus predigen. Er sprach vielmehr von einer Umwandlung des Herzens, einer inneren Befreiung, die – wäre sie angenommen worden – den Lauf der Weltgeschichte von Grund auf hätte anders gestalten können.

Der DALAI LAMA weist darauf hin, dass es im Buddhismus genau die gleiche Wahrheit gibt: „… Der Bodhisattva betont, wie wichtig es sei, gegenüber seinem Feind die richtige innere Einstellung zu haben. Wenn man es fertig bringt, diese richtige Einstellung zu entwickeln, werden eure Feinde eure spirituellen Lehrmeister sein; denn sie bieten euch die Gelegenheit, in der Toleranz, der Geduld und im Verstehen zu wachsen. Wenn ihr zu mehr Geduld und Toleranz findet, könnt ihr auch leichter eure Fähigkeit zum Mitempfinden und dank dessen zum Altruismus entwickeln."[8]

Auch der Koran des Islam betont, wie wichtig es sei, seinen Feinden zu vergeben: „Vielleicht wird Gott bewirken, dass sich zwischen euch und denjenigen …, mit denen ihr

---

[8] Dalai Lama, *Le Dalai-Lama Parle de Jésus*. Éditions Brepols, Paris, 44 f.

bisher verfeindet wart, (gegenseitige) Zuneigung einstellt. Gott kann (alles). Er ist barmherzig und bereit zu vergeben."[9]

Wenn die Menschheit den Kreislauf von Gewalttätigkeit und Hass, die von einer Generation an die nächste weitergereicht wird, durchbrechen und vom Chaos zur friedliebenden Ordnung übergehen will, muss sie die Worte JESU, des DALAI LAMA und MOHAMMEDS ernst nehmen.

„Feind" ist ein sehr starkes Wort. Im Allgemeinen bezeichnet man damit jene, die sich im Kriegszustand befinden. Man benutzt es auch zur Kennzeichnung von Gruppen oder Einzelnen, die andere Menschen unterdrücken, ihnen ihre Freiheit nehmen und sie am freiheitlichen Wachsen hindern. Wenn wir „Feind" so stark definieren, können wir leicht leugnen, dass wir Feinde haben. Aber wenn JESUS, der DALAI LAMA und MOHAMMED von Feinden sprechen, meinen sie damit etwas, was viel einfacher und uns viel nahe liegender sein kann: Ein Feind ist jemand, der unserer Freiheit, Würde und Fähigkeit zur Entfaltung und Liebe im Wege steht, jemand, den wir meiden oder mit dem wir nichts zu tun haben wollen.

Eine Frau sagte mir über ihren Mann: „Er ist zufrieden, wenn ich mich um das Haus und die Kinder kümmere. Er ist zufrieden, wenn ich gut koche und ihm seine Wäsche wasche. Er braucht mich auch sexuell. Aber er hört mir nie zu, behandelt mich nie als Menschen und fragt mich nie nach meiner Meinung oder meinem Rat. In mir staut sich eine immer größere Wut an, und ich weiß nicht, wie ich damit umgehen soll." Ihr Mann wurde ihr zum Feind, weil er ihr ihre Würde und ihr Selbstwertgefühl nahm. Abneigung kann zum Überdruss werden, Überdruss in Wut umschla-

---

[9] *Der Koran*, Sure 60,7, übers. v. Rudi Paret. Kohlhammer, Stuttgart u. a. 1966, 463.

gen, und Wut kann sich zum Hass steigern. So müssen wir sorgfältig darauf achten, dass die Saat unserer Abneigungen nicht wächst und sich vermehrt. Die Worte Jesu und anderer spiritueller Meister gelten sogar für die mildesten unserer negativen Gefühle, für unsere Abneigungen. Um wirklich frei zu werden und sich für Einheit und Frieden einsetzen zu können, muss man an allen Beziehungen arbeiten, die einem Schmerz und Verletzung zufügen.

Dem Mann fehlt es offenbar an Einsicht und Verstehen, um seiner Frau wirklich als Mensch und in Liebe zu begegnen. Und seine Frau? Sie hatte zu lange immer nur einseitig alle seine Wünsche und Launen hingenommen, sich in die Rolle seiner Dienerin gefügt, nur um ihm zu Gefallen zu sein. Diese Frau muss sich zunächst ihrer Ängste und Schwächen bewusst werden, also all dessen, was sie dazu verleitet hatte, ihrem Mann ein Übermaß an Macht über sie einzuräumen. Zweifellos brauchen diese Frau und ihr Mann Hilfe, um aus dem Kreislauf ihrer Zwänge herauszufinden. Für die Frau kann Vergebung nicht darin bestehen, einen nur fordernden Mann hinzunehmen; es bedeutet vielmehr, dass sie in größerer Fülle sie selbst zu werden, aufzustehen und zu sich selbst zu stehen lernt – freilich mit Liebe, nicht mit Wut –, um dann auch ganz zu den damit verbundenen Konsequenzen ja sagen zu können.

Feindesliebe ist nicht eine nur spirituelle Kraft, sondern ein ganz praktische menschliche Grundeinstellung.

Alle, die sich um Frieden bemühen oder darum, wirklich Mensch zu sein und sich auf einen persönlichen Reifeprozess einzulassen, werden diese Berufung zur Feindesliebe ernst nehmen. Es ist die Berufung, eigene Einstellungen zu ändern und sich nicht länger von Verletzungen und Ängsten beherrschen zu lassen, sondern stattdessen in eine wahrhaftigere Beziehung zu denen einzutreten, denen wir mit Abneigung begegnet sind.

Aber die zu *lieben*, die wir ja eben nicht mögen oder sogar hassen, scheint unmöglich zu sein. Wie können wir unsere Feinde *lieben*? Werden sie uns nicht noch mehr weh tun, wenn wir uns ihnen – weil liebend – schwach und verletzlich darbieten? Wie können wir jemandem gegenüber offen sein, der unser Leben und unsere Freiheit versehren will? Das Leben schützt sich gegen den Tod. Wenn wir einen Stein auf uns zufliegen sehen, zucken wir in einer Abwehr- oder Ausweichreaktion spontan zurück. Wie kann ich also offen für jemanden sein, von dem ich überzeugt bin, dass er mich physisch oder psychisch verletzen will? Muss ich mich nicht schützen, wenn ich auf jemanden stoße, der mich bewusst oder unbewusst auf irgendeine Weise daran hindern will, mich zu entfalten und ganz von Leben erfüllt zu sein?

Achtsamkeit als Kern der Vergebung

Vergebung beginnt damit, uns unserer Ängste und Schranken bewusst zu werden. PATRICIA RAYBON, die ihren Hass auf alle Weißen überwand, und meine australische Bekannte, die es schaffte, ihren Hass auf alle Deutschen abzulegen, konnten sich erst von da an für ihre „Feinde" öffnen, als sie begriffen, wie sehr sie von Bitterkeit und Wut verzehrt wurden.

Hass ist wie ein Wundbrand: Er frisst den Hassenden nach und nach auf. Alle unsere Weigerungen, mit Verhassten in Kommunikation zu treten und uns für sie zu öffnen, sperren uns in einem Gefängnis ein. Aber wie kommen wir vom dauerndem Anklagen, so berechtigt es sein mag, los und werden offen und zugänglich, ja entwickeln sogar den Wunsch, unsere Feinde von ihren Ängsten und ihrer Selbstsucht befreit zu sehen? Dieser Prozess setzt damit ein, dass wir uns der Mauern in uns selbst bewusst werden, die auf Angst und (unbewusster) Wut beruhen, und wenn uns die Einsicht kommt, dass unsere Offenheit allein für jene, die wir unsere Freunde nennen, ein Schutz vor Schmerz und Einsamkeit sein kann.

Das Offenlegen unserer Verletzlichkeit, unserer Ängste und Fehler fällt wahrlich nicht leicht, und zwar deshalb nicht, weil es unser Empfinden, nichts wert zu sein, und unseren Mangel an Selbstvertrauen zunächst noch verstärken kann. Statt uns zu helfen, zu Liebe, Vergebung und Offenheit zu finden, kann uns dieser Prozess vielleicht in subtile Formen von Depression und Erstarrung verstricken. Wo finden wir die innere Kraft, die stärker ist als unsere Ängste und Schranken, wo die Kraft, die uns von Wut und Abneigung befreit und uns für die offen macht, die uns verletzt haben?

Ich glaube zutiefst, dass die Kräfte des Lebens und der Wunsch nach Kommunikation letztlich stärker sind als die Kräfte des Todes und des Hasses. In einem bestimmten Augenblick des Lebens eines jeden von uns stellt sich ein Ereignis ein, das uns endlich unüberhörbar in die Freiheit und Offenheit hinausruft. Genau dann, wenn eine Art innerer Offenbarung in uns stattfindet, erwachen wir zu dem lebhaftesten Wunsch, aus dem Loch von Depression, Hass und Wut herauszukommen. Da wird uns ganz klar, dass wir in uns selbst oder in unserer Gruppe eingesperrt sind und große Schwierigkeiten haben, eine richtige Beziehung zu anderen zu leben, wenn wir nicht den großen Sprung tun.

Vor einigen Jahren schrieb mir FRED, ein Häftling. Er berichtete mir, er habe ein schlimmes Verbrechen begangen und sei ins Gefängnis gekommen. Eines Tages habe er eine gewalttätige Auseinandersetzung mit anderen Häftlingen gehabt und sei in Einzelhaft verlegt worden. Ihm sei dann aufgegangen, dass er alles verloren habe: seine Familie, seine Arbeit, seine Freiheit, auch seine Würde und Selbstachtung, und er habe sich den Tod gewünscht. Aber plötzlich seien ihm „kleine Liebessterne" aufgegangen, wie er es nannte: das heftige Bedürfnis, sich selbst zu finden und die Liebe neu zu entdecken. Das sei ein Augenblick der Gnade gewesen.

Manch einer muss erst auf felsigen Untergrund stoßen, an dem unerbittlich hart alles zu Ende ist, bis dieser kleine Hoffnungsschimmer aufzuleuchten beginnt. Wir werden uns dann nicht nur aller Finsternisse in uns bewusst, sondern auch des Lichtes der Hoffnung. Von diesem Zeitpunkt an beginnt ein Aufstieg.

Die Voraussetzung dafür, sich für andere Menschen zu öffnen, ist nicht nur, sich seiner eigenen Ängste, Finsternisse und Gebrochenheiten bewusst zu werden, sondern auch, dass man ein Licht, eine Liebe und eine Energie wahrnimmt, die in einem den Wunsch wecken, sich auf Offenheit zuzubewegen, statt sich endgültig von der Dunkelheit beherrschen zu lassen.

Der Wunsch, von Angst befreit zu werden

Die Geburtsstunde dieses tiefen Wunsches nach Befreiung ist wahrhaft ein gesegneter Augenblick, ein Moment der Gnade. Er kann sich einstellen, wenn man Menschen begegnet, die wirklich frei sind und das Lied ihrer Freiheit singen. Sie offenbaren uns, dass Freiheit möglich ist und dazu führt, dass das Herz in Frieden und Freude aufblüht. Dieser Wunsch nach Befreiung kann auch aufbrechen, wenn man jemandem begegnet, der einen liebt, wie man ist, und einem von ganzem Herzen vertraut, weil er hinter all unseren Ängsten und Hemmungen die in uns verborgenen kostbareren Seiten sieht, die im Lauf der Zeit verblasst sind, aber ganz neu erblühen können. Liebe holt uns aus uns selbst heraus und fördert wie ein Magnet neue, tiefsitzende Energien aus uns zutage.

Jener tiefe Wunsch nach Befreiung kann sich auch aus Träumen heraus ankündigen oder dank Augenblicken innerer Stille oder durch eine Erfahrung der Gegenwart Gottes, die uns die Gewissheit schenkt, von ihm so, wie wir sind, geliebt zu sein so. In solchen „gesegneten Augenblicken" erwacht in uns das Bewusstsein dessen, wer wir eigentlich sind: Wir werden uns unseres wahren Wesens bewusst und spüren, dass wir gesegnet sind, – und das geht viel tiefer als all die Verletzungen, in deren Bann bislang unser Leben niedergedrückt war. Für einen Augenblick werden wir nicht mehr von Angst, Wut, Gleichgültigkeit, Rachegelüsten oder Gefühlen der Verzweiflung und Wertlosigkeit beherrscht. Ein kleines Licht ist in uns geboren: ein Wunsch zu sein. Damit kehrt Hoffnung in unser Leben zurück.

In der Bibel lesen wir, der Prophet EZECHIEL habe in einer Vision ein riesiges Tal voll toter Gebeine gesehen. Diese Gebeine seien ein Bild für das Volk Israel gewesen, das von sich gesagt habe: „Ausgetrocknet sind unsere Gebeine, unsere Hoffnung ist untergegangen, wir sind verloren." Da habe EZECHIEL im Namen Gottes diese Gebeine mit den Worten aufgerufen: „Ich öffne eure Gräber und hole euch, mein Volk, aus euren Gräbern herauf … Ich hauche euch meinen Geist ein, dann werdet ihr lebendig" (vgl. Ezechiel 37,11–14).

Es gibt auch in unserem Leben solche gesegnete Augenblicke, in denen wir uns aufgerufen spüren, aus dem Schmutz und der Verzweiflung unseres Lebens aufzustehen und wieder ganz lebendig zu werden.

Grundsätze und Schritte auf dem Weg zur Vergebung

Ich möchte drei Grundsätze nennen, die auf dem Weg zur Versöhnung und Vergebung von Bedeutung sind.

(1) *Vergebung für uns selbst und andere kann vor allem dann geschehen, wenn wir zutiefst überzeugt sind, dass alle zu einer gemeinsamen Menschheit gehören.*

Praktisch bedeutet dies, dass kein Einzelner und keine Gruppe besser ist als andere. Die Grundwahrheit, dass wir alle gleich wertvoll sind, mag wie eine Selbstverständlichkeit erscheinen, aber wie oft leben wir *wirklich* so, dass es dieser Wahrheit voll entspricht? Wie oft wurde in der Menschheitsgeschichte diese Wahrheit in ihrer Wirk-lichkeit ausdrücklich bestätigt? Leider nicht sehr oft. Darum gilt es, sie immer und immer wieder zu sagen und zu betonen. Wir mögen unserer Rasse, Kultur, Religion und unseren Fähigkeiten nach verschieden sein; aber im Grunde sind wir alle gleich, sind alle Menschen gleichen Wesens mit den gleichen verwundbaren Herzen, mit demselben Bedürfnis, zu lieben und geliebt zu werden, mit dem gleichen Wunsch, weiter zu wachsen, unsere Fähigkeiten zu entfalten und unseren Platz in der Welt zu finden. Wir sind alle darauf aus, uns als wertvoll zu erfahren. Wir sind auch darin alle gleich, dass jeder von uns auf die eine oder andere Weise Verletzungen erlitten hat. Uns allen sind Ängste eingepflanzt worden, wir tun uns in unseren Beziehungen schwer, in uns allen gibt es ein bestimmtes Maß an Chaos, einem Gemisch aus Angst und Gewalttätigkeit.

Um auf den Weg zur Vergebung einbiegen zu können, müssen wir unsere Empfindungen sowohl der Überlegenheit wie auch der Minderwertigkeit durchschauen, akzeptieren und loslassen. Jeder von uns hat andere verletzt und fühlt sich von anderen verletzt. Daher muss jeder sein

Leben selbst gestalten, die Verantwortung dafür übernehmen und zugleich auch die Verantwortung für die Zukunft der Menschenwesen. Wir alle sind berufen, endlich aufzustehen und in Freiheit unseren Platz in der Welt auszufüllen.

(2) *Vergeben bedeutet: glauben, dass sich jeder von uns weiterentwickeln kann und dass die Erlösung des Menschen grundsätzlich möglich ist.*

Oft sperren Menschen einander in rasch gefertigte Urteile ein: „Er ist und bleibt ein Dieb. Sie ist und bleibt behindert. Er ist und bleibt schizophren ..." Vielleicht hat der Betreffende tatsächlich etwas gestohlen, ist die Betreffende tatsächlich behindert; aber jeder Mensch ist weit mehr als nur das. Jeder ist auch jemand, der – wenn man ihn liebt, sich ihm öffnet und ihm vertraut – wenigstens die Chance hat, sein Begrenztsein oder seine Gebrochenheit zu erkennen und dennoch in seinem Menschsein und an innerer Freiheit zu wachsen und kleine Gesten der Liebe zu vollziehen.

(3) *Vergeben bedeutet: sich ernsthaft nach Einheit und Frieden sehnen.*

Eins sein ist das kostbare letzte Ziel: der wunderbare Raum im Garten der Menschheit, in dem jeder von uns wachsen, Frucht tragen und Leben weiterschenkt. Das ist es, wonach wir uns im Grunde sehnen.

Als in jenem Gleichnis Jesu vom verlorenen Sohn der Vater seinen heruntergekommen Sohn von weitem sah – abgemagert, schmutzig und elend –, lief er ihm entgegen und nahm ihn voll Freude in seine Arme. Er verurteilte ihn nicht, äußerte keine Missbilligung, sagte nicht einmal: „Ich verzeih dir." Dieser Vater ersehnte nur eines: wieder mit seinem Sohn zu sein und in Herzensgemeinschaft mit ihm zu leben. Sein Wunsch, wieder mit seinem Sohn vereint zu sein, war weit größer als alle Verletzung, die er vermutlich erfahren hatte.

Wenn jemand von Herzen liebt, ist Vergebung etwas Selbstverständliches. Ein Liebender möchte mit der Geliebten vereint sein, nichts sonst. Wenn wir Menschen der Liebe sind und möchten, dass alle Menschen frei sind und gute Frucht bringen, dann sind wir Menschen, die immer vergeben. Wir lassen uns dann nicht von unseren Verwundungen bestimmen und sind nicht mehr darauf aus, unseren Wert unter Beweis zu stellen, sondern unser innerstes Anliegen ist es, dass alle Menschen in einen Frieden und ein Einssein mit sich und anderen hineinwachsen.

Es ist aber keineswegs so leicht, Friedensstifter zu sein und auf Einssein hinzuwirken. Auch fällt es manchem durchaus schwer, Vergebung anzunehmen oder selbst in Freiheit zu vergeben. Es kann mühsam sein, von der Zentrierung auf das eigene Ich wirklich loszukommen. Oder für andere bedarf es großer Kraft, um Antriebslosigkeit oder Angstgefühle zu akzeptieren oder gar zu überwinden, die sie davon abhalten, sich auf Konflikte einzulassen.

Im Kern des Prozesses der Vergebung verbirgt sich der tiefe Wunsch, von negativen Leidenschaften, von starken Abneigungen und Hassgefühlen ganz und gar frei zu werden. Dies ist der Wunsch, der auf den Weg zu echter Vergebung schickt.

Nach diesen drei Grundkriterien der Vergebung seien jetzt noch fünf Schritte dorthin genannt:

1. Schritt: Verzicht auf Rache. Es darf nicht mehr gelten: „Aug um Auge, Zahn um Zahn."

2. Schritt: Die ehrliche, von Herzen kommende Hoffnung, derjenige, der einem wehgetan hat, möge frei sein. Ein Verwundeter kann ein von Angst und Hass erfülltes Herz nicht ändern; aber er kann hoffen und darum beten, dass eines Tages sein steinernes Herz zu einem Herz aus Fleisch werde.

3. Schritt: Der Wunsch, den Menschen zu verstehen, der einem wehgetan hat: wie und warum sich seine Gleichgültigkeit oder Herzenshärte entwickelt haben und wie er davon frei werden kann.

4. Schritt: Das Anerkennen der Finsternis in uns selbst. Auch wir haben Menschen verletzt und vielleicht sogar dazu beigetragen, dass der, der uns wehgetan hat, so hart geworden ist.

5. Schritt: Geduld – ein Verwundeter braucht Zeit, um sich aus seinen Blockierungen und seinem Hass zu befreien; und auch der Mensch, der ihm wehgetan hat, braucht Zeit, um weiter zu wachsen.

Das Herz dessen erreichen, durch den ich mich verletzt fühle

Versöhnung ist eine wechselseitige Angelegenheit. In ihr geschieht die Vollendung des Prozesses der Vergebung, die Übereinkunft zwischen dem Verletzten und dem, durch den er sich verletzt fühlt, wobei jeder den anderen akzeptiert, jeder seine Ängste und Hassgefühle eingesteht und beide erkennen, dass in einer Welt voller Konflikte der Weg gegenseitiger Zuneigung der einzige Ausweg ist.

Doch kann es für den, von dem sich ein anderer verletzt fühlt, schwer sein, seinen Anteil daran zu sehen. Versuchen wir dies zu verstehen. Es hilft, mit größerem Gespür unsere Kraft wahrzunehmen und den Weg zur Vergebung einzuschlagen.

Macht hat eine bestimmte Richtung: Sie wird immer nach unten ausgeübt, gegenüber dem Schwächeren. Eine Form von Macht in einer Familie ist z. B. die Autorität, die Eltern gegenüber ihren Kindern praktizieren. Macht wird allerdings allzu rasch mit dem gleichgesetzt, was vermeintlich richtig ist. Die meisten Eltern handeln aus der Überzeugung zu wissen, was das Beste für ihre Kinder sei. Genauso neigen alle Menschen in Machtpositionen zur der Auffassung, sie wüssten, was für andere richtig sei, und reagieren gegenüber jeder Art von Kritik und Widerspruch sehr empfindlich. Mittels der Ausübung von Macht suchen Menschen zudem nach eigener Identität und persönlichem Wertgefühl.

Autoritätsträger, die in ihren Entscheidungen Zweifel und Unsicherheit zeigen, flößen wenig Vertrauen ein. Machtinhaber dagegen handeln aus dem Bewusstsein, eine Art Abbild des Allmächtigen zu sein, weshalb man sie nicht in Frage stellen, sondern ihnen in allem folgen sollte, was sie vertreten. In Wirklichkeit jedoch sind auch sie und wir alle verletzte, bedürftige Wesen, selbstbezogen und brauchen Erfolg und Anerkennung. Daher verfügen nur wenige über die Reife und Weisheit, Macht auf liebevolle und für alle befreiende Weise auszuüben, also in der Art und Weise eines „Leitungs*dienstes*", mit dem sie den Menschen zu Selbstvertrauen und größerer Freiheit verhelfen würden.

Jedem, der über Macht verfügt, fällt es schwer, sich vom wahren Gesetz der Liebe leiten zu lassen. Genauso schwer fällt es ihm, es zuzugeben, wenn er die verletzt hat, die schwächer sind als er. Wer wüsste nicht um die Versuchung, alles, was er nicht gut gemacht hat, in verborgenen Winkeln seines Wesens zu verstauen? Dazu entwickeln Menschen raffinierte Techniken, um das Gewissen zum Schweigen zu bringen und jede Spur der Reue auszulöschen.

Psychologen haben diese Fähigkeit, sich selbst abzustumpfen, ausführlich beschrieben. SIGMUND FREUD sprach vom „Schutzpanzer", mit dem wir uns gegen unsere

bedrohlichen Gefühle abschirmen. GEIKO MÜLLER-FAH-
RENHOLZ weist in seinem bemerkenswerten Buch *Die
Kunst der Vergebung* darauf hin, dass Menschen es in der
Regel schaffen, das Schlechte, das sie getan haben, einfach
zu vergessen. Aber, so sagt er: „Es kann keine Vergebung
geben, wo solche, die andere verletzt haben, seien es Einzelpersonen oder Kollektive, nicht den Mut aufbringen, angesichts ihrer Opfer ihre Waffen abzulegen. Das ist eine
Handlung, die wehtut und einen großen Anspruch darstellt."[10]

Wenn jene, die meinen, sich mittels ihrer Machtausü-
bung ihr Selbstwertgefühl aufgebaut und ihre persönliche
Identität gefunden zu haben, schließlich erkennen und zu-
geben, was sie falsch gemacht haben, dem Dunklen in sich
abschwören und ihre Opfer um Vergebung bitten, entsagen
sie der Überlegenheit, dem Kennzeichen ihrer Macht, und
nehmen die Möglichkeit in Kauf, ihre bisher scheinheilige
Selbstachtung zu verlieren. Es ist dann, als stünden sie
nackt und verletzlich da. Wenn sie ihren aus Macht bestehenden Schutzpanzer durchbrechen, der ihnen ein nur vor-
dergründiges Selbstwertgefühl gab, können Angst und ein
Gefühl inneren Sterbens aufbrechen. Doch zugleich werden
sie von ihrer Schuld befreit und entdecken ein ganz neues
tieferes Selbstwertgefühl. Dies ist auch ein Grund dafür,
dass Emotion und Erleben so stark sein können, wenn sich
der, durch den sich ein anderer verletzt fühlt, und der Ver-
wundete schließlich miteinander versöhnen.

Es ist für viele Menschen schwer, Autorität immer mit der
Weisheit und mit dem Wunsch auszuüben, anderen zu dienen. Ich weiß, dass ich zu meiner Zeit als Leiter der „Ar-

---

[10] Geiko Müller-Fahrenholz, *The Art of Forgiveness: Theological Reflections in Healing and Reconciliation*. WCC Publications, Genf
1997, 26. Mit Erlaubnis verwendet.

che" manches Mal andere nicht habe wirklich zu Wort kommen lassen. Es ist keineswegs leicht, das, was man vielleicht falsch gemacht hat, zuzugeben. Noch viel schwerer fällt es, wenn man etwas sehr Schwerwiegendes versäumt und andere tief verletzt hat.

Umgekehrt haben auch diejenigen, die ihren Leitern vertrauen, Schwierigkeiten damit zu glauben, dass diese etwas falsch gemacht haben könnten. Viele von uns sind darauf programmiert, zu gehorchen und nichts in Frage zu stellen oder zu kritisieren. Wenn wir dies erkennen und uns anschicken, diese Einstellung zu korrigieren, geschieht für uns ein echter Wachstumsschritt.

Die sanfte Macht Gottes

Für echte Versöhnung brauchen wir in den meisten Fällen eine Kraft, die größer ist als die des Verletzten und die desjenigen, durch den er sich verletzt fühlt. GEIKO MÜLLER-FAHRENHOLZ sagt: „Letztlich können die Menschen nicht selbst umschreiben, was ihr Menschsein ausmacht. Es übersteigt sie. Wenn wir uns um Vergebung bemühen, ist es unerlässlich, daran zu denken, dass jedes von uns Menschenwesen als Abbild Gottes, des Allerbarmers, erschaffen ist. Darin besteht unsere Berufung und Sendung: Spiegel des Erbarmens zu werden."[11]

Wir neigen dazu, Masken zu tragen: die Maske der Überlegenheit oder Unterlegenheit, die Maske der Wichtigkeit oder des Opfers. Es fällt uns nicht leicht, unsere Masken fallen zu lassen und das kleine Kind in uns zu entdecken, das sich nach Liebe und Licht sehnt und Angst vor Verletztwerden hat. Doch zur Vergebung gehört das Ablegen dieser

---

[11] Müller-Fahrenholz, aaO.

Masken und das Annehmen dessen, wer wir wirklich sind: Wesen, die verletzt wurden und andere verletzt haben.

Dazu, uns selbst zu vergeben, gehört, unseren wirklichen Wert anzunehmen. Wenn ich mein falsches Bild von mir selbst korrigiere und wenn dieses Bild das der Überlegenheit oder wenn es mit dem Bedürfnis verbunden war, meine Gebrochenheit zu verbergen, kann dies zunächst Schmerz und inneres Leid mit sich bringen. Diesen Schmerz können wir nur annehmen, wenn wir unser wahres Selbst hinter allen Masken entdecken und wenn uns aufgeht, dass wir auch als Gebrochene viel, viel schöner sind, als wir je zu ahnen gewagt haben. Wird uns unser Gebrochensein voll bewusst, brauchen wir keineswegs in Depression zu verfallen; und wenn wir unsere wirkliche Schönheit erkennen, brauchen wir keineswegs stolz wie Pfauen zu werden. Der doppelte Blick für unser Gebrochensein und unsere Schönheit schenkt uns zugleich den Blick durch die Gebrochenheit und Selbstbezogenheit anderer hindurch, um deren Schönheit, Wert und Heiligkeit zu entdecken. Eine solche Entdeckung gelingt oft nur durch einen Sprung ins Dunkle, in einem gesegneten Augenblick, einem Moment der Gnade und Erleuchtung. Er stellt sich dank einer Begegnung mit dem Gott der Liebe ein, der uns offenbart, dass wir ganz persönlich geliebt sind, wie auch alle anderen von ihm bedingungslos geliebt sind.

In dem Maß, wie in uns der Wunsch nach Ganzheit und nach dem Ringen um Ganzheit für uns selbst, für andere, für unsere Gemeinschaft und die ganze Welt wächst und wir frei zu werden begehren, um auch andere freisetzen zu können, weckt es in uns neue Energie, die aus Gott erfließt. Es ist, als durchquerten wir auf dem Weg heraus aus der Knechtschaft und hinein in die Freiheit das Rote Meer. Dann sind wir stark genug, den Schmerz über den Verlust zu ertragen und uns der Angst zu stellen, weil uns eine neue Liebe und ein neues Selbstbewusstsein geschenkt werden.

Die Einladung Jesu zur Feindesliebe muss den Galiläern damals als bedrohliche Utopie erschienen sein. Vielleicht erst dann, als sie sahen, wie er den religiösen Führern seiner Zeit die Stirn bot und mutig den gefährlichen Weg der Liebe, der Wahrheit und der Befreiung der Unterdrückten ging, begannen manche von ihnen zu begreifen, dass dies eine völlig neue Art des Ringens um Frieden und des Durchbrechens des scheinbar endlosen Kreislaufs von gegenseitigem Verletzen und Verletztwerden bedeutete.

Unsere Feinde zu lieben bedeutet, sie als Einzelpersonen zu sehen, die vielleicht selber in einem Teufelskreis von Angst, Verletzen und Verletztwerden befangen sind und vermeintlich unbedingt ihre Macht als Selbstschutz brauchen, aber dennoch Menschen bleiben und hinter all dem heilig und kostbar sind. Ihre verborgene Persönlichkeit verbirgt sich hinter Mauern der Angst. Sie zu lieben bedeutet, zu hoffen und dringlich zu wünschen, dass auch sie zur Freiheit finden, statt in einer Form der Selbstzerstörung zu leben und in ihrem eigenen Stolz und ihrer Macht verstrickt zu bleiben.

Wenn sich Jesus in der Nacht vor seinem Tod vor seine Jünger kniete, um ihnen die Füße zu waschen, und ihnen den Auftrag gab, es ihm gleich zu tun, tat er dies wohl aus dem klaren Wissen, dass Macht dazu verwendet werden kann, andere zu zertreten und zu versklaven, statt sie zu ermächtigen und freizusetzen. Wollen wir andere ermächtigen und freisetzen, müssen wir diese neue von Gott stammende Kraft der Liebe und Gemeinsamkeit entdecken.

Diese Sicht der Liebe scheint menschlich unmöglich zu sein. Eines Tages, im Jahre 1944, wartete eine Gruppe von Männern im Konzentrationslager Auschwitz auf ihre Hinrichtung. Plötzlich trat ein Mann vor und meldete sich freiwillig, für einen der zum Tode Verurteilten zu sterben. Es war Pater MAXIMILIAN KOLBE. Der Kommandant war verblüfft, aber erlaubte es dem Priester tatsächlich, den Platz des Verurteilten einzunehmen. So schloss sich Pater KOLBE der Gruppe von Männern im Hungerbunker an. Er stand allen auf ihrem letzten Weg in den Tod bei. Als alle gestorben waren und nur noch er übrig war, kamen die Wachen und töteten auch ihn. Mit dieser Tat gab MAXIMILIAN KOLBE Zeugnis dafür, dass Liebe stärker ist als der Tod.

In jüngster Zeit, 1996 in Algerien, wurde der Trappistenmönch CHRISTIAN DE CHERGÉ zusammen mit sechs seiner Mitbrüder ermordet. Sie hatten sich geweigert, ihr Kloster, das in einer gefährlichen und ungeschützten Gegend lag, zu verlassen, um Zeugnis für die Gegenwart Gottes zu geben, der jedes Menschenwesen liebt, gleich welcher Religion. CHRISTIAN hinterließ seiner Mutter ein Dokument, das erst nach seinem Tod geöffnet werden sollte. Darin spricht er seinen Dank aus: „In dieses ‚Dankeschön‘, das ich für alles in meinem Leben spreche, schließe ich ganz bestimmt auch Euch, meine Freunde von gestern und heute mit ein ... und auch Dich, den Freund meines letzten Augenblicks, der Du Dir nicht dessen bewusst sein wirst, was Du tust. Ja, auch für Dich möchte ich dieses ‚Dankeschön‘ und ‚à Dieu‘ (Gott befohlen) sprechen, den ich durch Dich gesehen habe. Mögen wir uns im Paradies wiederfinden als zwei gesegnete und gute Schächer, wenn das der Wille Gottes, des Vaters von uns beiden, ist. Amen! Insch‘Allah!“[12] Hier begegnen wir der höchsten Gabe: der Gabe der Vergebung!

Die Einladung Jesu, unsere Feinde zu lieben, ist auch ein Versprechen, das für Christen wie Nichtchristen gleichermaßen gilt: Was wir von uns aus nicht zustande bringen, vermögen wir aus der inneren Kraft des Geistes, der unsere

---

[12] Christian de Chergé, „Testament“, in: *The Tablet* vom 8. Juni 1996.

Herzen aus Stein, die in Angst erstarrt sind, in Herzen aus Fleisch umzuwandeln vermag, die es wagen, offen und verletzlich zu sein. Durch die Gabe des Geistes Gottes empfangen wir eine neue Kraft, die uns befähigt, in der Liebe standzuhalten.

Wir arbeiten mit Gott Hand in Hand

In der Vergebung, dem Akt der Liebe gegenüber einem Feind, handelt es sich – wie bei der Vergebung sich selbst gegenüber – nicht um ein plötzliches Ereignis, um eine jähe Herzensumwandlung. Meist ist es ein langer Prozess, der mit dem Wunsch beginnt, frei zu werden, sich selbst so anzunehmen, wie man ist, und in der Liebe zu denen zu wachsen, die anders sind, sowie zu denen, die uns wehgetan haben oder als unsere Konkurrenten erscheinen. Das ist der Prozess eines allmählichen Freiwerdens aus der Befangenheit in unsere Vorlieben und Abneigungen, in unsere Hassgefühle und Ängste sowie des Hineinwachsens in immer mehr Freiheit und Mitempfinden. Bei diesem Prozess der Befreiung mögen immer noch viele Hemmungen, Vorbehalte und Wutgefühle im Spiel sein; aber dennoch wird der tiefe Wunsch, wirklich frei zu werden, immer kraftvoller.

Ich glaube, dieser Wunsch kommt von Gott, der in der Tiefe eines jeden Menschen wohnt. Jedoch muss er mit unseren eigenen Bemühungen verknüpft sein, z. B. mit der Übung, sich nicht mehr darüber zu freuen, wenn andere schlecht über unsere Feinde sprechen, oder mit dem Kritisieren und Kleinmachen anderer aufzuhören und die giftige Zunge zu zügeln. Es kann auch darin bestehen, sich mit den Freunden seiner Feinde anzufreunden, um mehr und mehr auch seine Feinde besser zu verstehen. Oder es kann sich in dem Bemühen äußern, sich selbst nicht mehr in der Opferrolle zu sehen und sich hinter Angst, Depression, Wut und Untätigkeit zu verstecken.

Ein wichtiger Akt des Vergebens ist es, den Feind in uns zu verstehen. Wenn wir daran arbeiten, wirkt Gott in uns, und allmählich werden sich Groll und Abneigung legen.

Vergebung bedeutet zudem: damit anzufangen, sich selbst zu lieben und zu akzeptieren; versuchen, alles, was in jedem von uns wertvoll ist, zu sehen und zu schätzen; beten, dass all das, was uns am Freisein hemmt, wie ein Damm brechen möge, damit das Kostbarste in uns zutage treten kann. Darum betet auch Jesus in seinem letzten Gebet: „Vater, vergib ihnen, denn sie wissen nicht, was sie tun" (Lukas 23,34).

Vergeben heißt: die Mauern der Feindschaft niederzureißen, die uns voneinander trennen, und einander vom Schmerz der Einsamkeit, der Angst und des Chaos weg und hin zum Gemeinsamsein und Einswerden zu führen. Gemeinsamkeit ergibt sich aus gegenseitigem Vertrauen und Annehmen sowie aus der Freiheit, wir selbst in unserer Einmaligkeit und Schönheit sein zu dürfen und unsere Gaben einbringen zu können. Dann sind wir nicht länger gehemmt und gebremst von Angst, Vorurteilen oder dem Bedürfnis, uns selbst ins rechte Licht zu stellen.

So entsteht mehr und mehr das Empfinden des Dazugehörens, das notwendig ist, damit sich unser Herz öffnet, wenn wir gemeinsam unseren Weg gehen, wenn wir einander brauchen und einander begleiten und helfen, ganz gleich, ob wir uns schwach oder stark, fähig oder unfähig fühlen. Wenn wir auf dem Weg zu innerer Freiheit sind, führt das Dazugehören nicht zu Empfindungen der Überlegenheit. Es ist nicht darauf aus, die Schwachen, die Bedürftigen und die anderen auszuschließen, sondern darauf, sie einzubeziehen; denn sie verfügen über eine geheimnisvolle Kraft, die Herzen der Menschen zu öffnen und in ihnen Mitgefühl und gegenseitiges Vertrauen zu wecken. So wird das Dazugehören zum Danklied für jeden von uns.

Natürlich braucht dies alles seine Zeit. Aber wir sind auf diesen Weg gerufen, damit wir voll und ganz Mensch werden, Spaltung und Unterdrückung überwinden und uns für den Frieden engagieren. Wenn jeder von uns hier und jetzt mit dem ersten Schritt auf diesem Weg anfängt und den Mut aufbringt, zu vergeben und sich vergeben zu lassen, werden uns unsere Verwundungen aus der Vergangenheit nicht mehr beherrschen. Wo immer wir sein mögen – in unseren Familien, an unseren Arbeitsplätzen, bei Freunden, beim Gottesdienst oder in der Freizeit –, wir können aufstehen und in ein neues Land aufbrechen.

Allerdings sollten wir unsere Ambitionen nicht allzu hoch schrauben. Wir müssen nicht die Erlöser der Welt sein! Wir sind und bleiben Menschenwesen, sind mit Schwachheit behaftet und leben immer in der Hoffnung. Wir sind miteinander berufen, unserer Welt dadurch ein menschliches Gesicht zu geben, dass sich unser Herz wandelt und uns so schließlich ein neuer Geist miteinander verbindet.

„Arche"-Gemeinschaften
im deutschsprachigen Raum

Arche Volksdorf
Farmsener Landstraße 198
22359 Hamburg
Tel. 040-603 2490 – Fax: 040-603 15363

Arche Regenbogen
Bodelschwinghweg 6
49545 Tecklenburg
Tel. 05482-7700 – Fax: 05482-974 024

Arche Ravensburg
Eisenbahnstraße 38
88212 Ravensburg
Tel. 0751-352 4672 – Fax: 0751-352 94392
E-mail: Arche-Ravensburg@t-online. de

Arche „Im Nauen" (Schweiz)
Oberdorfstraße 9
CH – 4146 Hochwald
Tel. (0041)061-751 4933 – Fax: (0041)061-753 9334

Weitere Adressen

Arche Deutschland e. V.
c/o Erik Thouet
Klosterhof 3
<u>88255 Baindt</u>
E-mail: <u>arche.thouet@gmx.net</u>

Internationales Sekretariat der Arche
L'Arche
BP 35
Trosly-Breuil
<u>F – 60350 Cuise-la-Motte</u>
Tel: (0033)344-855 600

„Arche"-Gemeinschaft Tirol
Brennerstraße 59
<u>A – 6156 Gries am Brenner</u>
Tel. 05274-86255
E-mail: arche@tirol.com

„Glaube und Licht"
Christel Schaffer
Burgfeuerstein 8
<u>D – 91320 Ebermannstadt</u>
Tel. 09194-9148

Internet:
www.arche-deutschland.de

Bücher von Henri J. M. Nouwen
bei Herder

Adam und ich
Eine ungewöhnliche Freundschaft
144 Seiten, geb. mit Schutzumschlag
ISBN 3-451-26633-4
Der Autor beschreibt das Wachsen und Reifen einer tiefen persön-
lichen Beziehung zu seinem behinderten Freund Adam.

Die innere Stimme der Liebe
128 Seiten, geb. mit Schutzumschlag
ISBN 3-451-26249-5
Durch die Texte dieses Bandes wird in der Erfahrung von Leid und
Trauer erstaunt entdeckt, welch große Möglichkeiten der Verände-
rung und des inneren Wachstums im Menschen ruhen.

Mein letztes Tagebuch
352 Seiten, geb. mit Schutzumschlag
ISBN 3-451-26111-1
Das Tagebuch schließt den Bogen des schriftstellerischen Werkes
von Henri Nouwen.

Leben hier und jetzt
Jahreslesebuch
400 Seiten mit 12 Abb. und Lesebändchen, Halbleinen
ISBN 3-451-27366-7
Die schönsten Texte aus dem Werk von Henri Nouwen: Eine Quelle
der Inspiration für jeden Tag des Jahres.

Herder